Building an Anonymization Pipeline

데이터 익명화를 위한 파이프라인

| 표지 설명 |

표지 동물은 유라시아 어치Eurasian jay (학명: *Garrulus glandarius*)다. 이 새는 유럽과 아시아의 많은 지역에 걸쳐 산림 지역과 인간 정착지 근처에서 볼 수 있다.

깃털은 주로 밝은 적갈색이다. 볏은 희고 검은 반점이 있으며 검은 부리 끝에서 아래로 뻗어 있는 검은 콧수염 줄무늬가 있다. 밝은 파란색 띠와 새의 몸에 붙어 있는 빨간색 삼각형이 있는 날개는 비행 중에 보이는 흰색 띠를 제외하고 주로 검은색이다. 흥미롭게도 이 새의 깃털은 자외선을 반사한다.

주로 나무에서 서식하며 가끔 땅에서 먹이를 구하기도 한다. 한 곳에 머물러 있지만 먹이를 구하기 위해 다른 지역으로 이동하기도 한다. 기회성 잡식 동물로 도토리가 식단의 대부분을 차지하지만 먹을 수 있는 모든 음식을 먹는다. 주요 포식자인 매로부터 도망치는 것과 관련된 특징적인 종류의 놀이를 포함하여 복잡한 사회적 행동을 보여준다.

다양한 시각적 표현을 사용하고 의사소통을 하며 수많은 모방을 한다. 그들의 소리는 아기 우는 소리, 다른 새들의 노래, 심지어 잔디 깎는 소리를 포함하여 그들이 들어본 모든 소리가 포함될 수 있다. 현재 이 새의 보존 상태는 '관심 대상'이다. 오라일리의 표지에 있는 많은 동물들은 멸종 위기에 처해 있다. 그들 모두는 우리 세계에서 매우 중요하다.

데이터 익명화를 위한 파이프라인

데이터를 안전하고 책임감 있게 사용하는 비식별화 방법

초판 1쇄 발행 2022년 4월 11일

지은이 루크 아버클, 칼레드 엘 에맘 / **옮긴이** 이창현 / **펴낸이** 김태헌
펴낸곳 한빛미디어(주) / **주소** 서울시 서대문구 연희로2길 62 한빛미디어(주) IT출판부
전화 02-325-5544 / **팩스** 02-336-7124
등록 1999년 6월 24일 제25100-2017-000058호 / **ISBN** 979-11-6224-551-4 93000

총괄 전정아 / **책임편집** 서현 / **기획** 최민이 / **교정·전산편집** 김철수
디자인 표지 박정우 내지 박정화
영업 김형진, 김진불, 조유미, 김선아 / **마케팅** 박상용, 송경석, 한종진, 이행은, 고광일, 성화정 / **제작** 박성우, 김정우

이 책에 대한 의견이나 오탈자 및 잘못된 내용에 대한 수정 정보는 한빛미디어(주)의 홈페이지나 아래 이메일로 알려주십시오. 잘못된 책은 구입하신 서점에서 교환해드립니다. 책값은 뒤표지에 표시되어 있습니다.

한빛미디어 홈페이지 www.hanbit.co.kr / **이메일** ask@hanbit.co.kr

지금 하지 않으면 할 수 없는 일이 있습니다.
책으로 펴내고 싶은 아이디어나 원고를 메일(writer@hanbit.co.kr)로 보내주세요.
한빛미디어(주)는 여러분의 소중한 경험과 지식을 기다리고 있습니다.

Building an Anonymization Pipeline

데이터 익명화를 위한 파이프라인

O'REILLY® ▐▌⎜B 한빛미디어
Hanbit Media, Inc.

지은이 · 옮긴이 소개

지은이 **루크 아버클** Luk Arbuckle

개인 정보 분석 분야 최고 권위자로 데이터를 책임감 있게 사용하고 공유하는 방법에 대한 전략적 리더십과 개인 정보 보호 강화 기술 및 방법에 대한 혁신을 제공하고 있다. 통계학, 수학, 공학뿐만 아니라 산업 및 규제 분야에서도 폭넓은 경험을 쌓았다. 비즈니스 및 개인 정보 보호 공학자의 실제 문제를 해결하기 위해 선임 의사 결정권자들과 협력한다.

이전에 캐나다의 개인 정보 보호 위원회 사무소의 기술 분석 책임자로 재직하면서 개인 정보 보호 연구를 수행하고 관련 기술 구성 요소가 있을 때 조사를 지원하는 고도로 숙련된 팀을 이끌었다. 개인 정보 보호 위원회에 합류하기 전에는 비식별화 방법 및 재식별 위험 측정 도구를 개발하고 보안 계산 프로토콜의 개발 및 평가에 참여했으며 데이터 익명화 솔루션을 개발 및 제공하는 최고 수준의 연구 및 컨설팅 팀을 이끌었다.

수많은 논문, 지침 문서, 특허뿐만 아니라 『건강 데이터의 익명화』(오라일리)의 공저자이기도 하다. 또한 디지털 이미지 처리 및 분석 분야와 응용 통계 분야에서 학위를 받았으며 산업 연구를 수행했다. '캐나다 대학원 장학금 – 박사 과정'을 포함하여 수많은 장학금을 받았다.

지은이 **칼레드 엘 에맘** Khaled El Emam

동부 온트리오 아동 병원의 수석 과학자이자 종합 전자 건강 정보 연구소 소장으로 합성 데이터 생성 방법과 도구, 재식별 위험 측정에 대한 응용 학술 연구를 수행하고 있다. 캐나다의 오타와 의과 대학 소아과 교수이기도 하다.

의료 산업에서 AIML을 적용하기 위한 합성 데이터 개발에 주력하는 회사인 Replica Analytics의 공동 설립자이자 CEO이다. 2016년부터 2019년 말까지는 IMS Health(현 IQVIA)에 인수된 Privacy Analytics의 설립자이며 총괄 책임자이자 사장이었다. 현재 데이터 보호 기술을 개발하고 의료 서비스 제공 및 신약 개발 지원 분석 도구를 구축하는 기술 회사에 투자하고 자문하고 있다.

1990년대 초부터 데이터 분석을 수행하여 예측 및 평가를 위한 통계 및 기계 학습 모델을 구축했다. 2004년부터 알고리즘에 대한 기초 연구에서 응용 솔루션 개발에 이르기까지 전 세계적으로 배포된 2차 분석을 위한 데이터 공유를 용이하게 하는 기술을 개발하고 있다. 이러한 기술은 익명화, 가명화, 합성 데이터, 보안 연산 및 데이터 워터마킹의 문제를 해결했다.

다양한 개인 정보 보호 및 소프트웨어 엔지니어링 주제에 대한 여러 책을 공동 집필하고 편집했다. 2003년과 2004년에는 측정 및 품질 평가와 개선에 대한 연구를 바탕으로 Journal of Systems and Software에서 세계 최고의 시스템 및 소프트웨어 공학자로 선정되었다.

이전에는 캐나다 국립 연구 위원회의 선임 연구 책임자였다. 또한 독일의 카이저슬라우테른에 있는 프라운호퍼 연구소에서 정량적 방법 그룹의 책임자를 역임했다. 2005년부터 2015년까지 오타와 대학교에서 전자 건강 정보 분야 캐나다 연구 위원을 역임했으며, 영국 런던 대학교 킹스 칼리지 전기 전자 공학부에서 박사 학위를 받았다.

옮긴이 **이창현** jamsuham75@naver.com

컴퓨터공학을 전공하고 20여 년간 다양한 IT 산업 분야에서 SW 애플리케이션을 개발했다. 최근에는 의료영상소프트웨어에 AI 기술을 적용한 솔루션을 개발했으며, 지속적인 AI 기반 SW 개발 연구에 관심이 많다.

현재 이창현 코딩 연구소 대표로 활동하면서 IT 개발자를 꿈꾸는 청년들을 교육하는 업무에 주력하고 있다. 연구한 기술을 틈틈이 정리하고 공유하며, 집필하거나 번역하고, 강의를 통해 학생들과 소통하는 것을 즐거워한다.

『스파크를 이용한 자연어 처리』(한빛미디어, 2021), 『나혼자 C언어』(디지털북스, 2021) 등을 비롯해 프로그래밍 관련 도서를 총 10종 집필 및 번역하였다. 늘 누군가에게 감동을 주는 일을 하면서 사는 것이 꿈이다.

옮긴이의 말

AI 분야를 연구하는 가운데 다량의 데이터를 다루게 되면 데이터 활용과 개인 정보 보호 기술에 대한 관심이 높아지게 된다. 특히 저는 의료 AI 플랫폼을 개발하면서 기술 연구와 더불어 데이터 제공을 통해 개인 식별화에 대한 우려와 데이터 익명화 방법, 사회적 법률과 규정 등을 고려하지 않을 수 없다.

이 책은 전반적으로 개인 정보를 보호하는 관점에서 데이터를 어떻게 활용할지 체계적이고 실용적으로 설명하고 있다. 먼저 데이터에서 개인 정보의 노출 위험에 대한 가능성을 제기하고 이에 대한 실제적인 위험 관리 프레임워크를 활용한다. 그리고 식별된 데이터가 있다면 어떻게 처리하는지 데이터 익명화 방법에 대해 설명하고 있다. 마지막으로 데이터 사용에 있어 안정성 확보에 대한 원칙과 기술적 과제를 제시하고 있다.

개인 정보 보호와 익명화를 기반으로 데이터의 안전한 사용을 고민하고 있다면 이 책에서 많은 힌트와 도움을 얻을 것이라 확신한다.

『데이터 익명화를 위한 파이프라인』이라는 훌륭한 책을 번역하는 것은 매우 기쁘고 감사한 일이다. 한편으로 걱정되는 부분은 저자의 의도나 일부 용어 및 의미를 자칫 잘못 번역하지 않았을까 하는 점이다. 오역으로 보이는 부분이나 다르게 해석되는 부분이 있다면 이메일로 의견 보내주시면 감사하겠다.

감사한 분들이 있다. 가족은 나에게 가장 소중한 존재다. 아내 경화, 아들 주성, 은성에게 함께 있어 주어서 고맙고 감사하다고 전하고 싶다. 항상 저를 믿고 따르며 함께 SW를 연구하는 우리 교육생들, 그리고 좋은 책을 번역할 기회를 주신 한빛미디어 서현 과장님과 번역 교정에 도움을 주신 여러 임직원 여러분께 감사의 말씀 드린다.

끝으로 매번 책을 탈고할 때마다 제가 한 것은 아무것도 없음을 고백할 수밖에 없다. 하나님께 모든 감사와 영광 드린다.

고민이 깊어지는 밤, 코딩 연구소에서
이창현

이 책에 대하여

몇 년 전 우리는 오라일리$^{O'Reilly}$와 협력하여 건강 데이터를 익명화하기 위한 사례 연구 및 방법에 대한 책을 쓰고 다양한 상황에서 익명화된 데이터셋을 생성하는 실용적인 방법을 소개했다.[1] 그 후 데이터의 증가 및 사용, 더 엄격해진 개인 정보 보호, 개인 정보 보호 규제 기관, 민간 산업 및 데이터를 제공하는 시민의 신뢰에 대한 기대로 인해 **익명화**^{anonymization} (**비식별화**$^{de-identification}$라고도 함)에 대한 관심이 증가했다.

이 책을 쓴 이유

데이터 분석 및 연구 목적으로 데이터를 공유하면 많은 이점을 얻을 수 있다. 동시에 데이터 소유와 개인 정보 보호에 대한 우려와 논란은 상당한 논쟁을 불러일으킨다. 2019년 1월 2일 오라일리의 데이터 뉴스레터$^{Data\ Newsletter}$는 보안 및 개인 정보 보호 분석 도구가 오라일리 레이더에서 추세임을 공인했다. 따라서 유용한 데이터를 제공하면서 개인 정보를 강화하기 위해 다양한 맥락에서 개인과 데이터를 분리하기 위한 **식별 가능성 스펙트럼**$^{spectrum\ of\ identifiability}$을 활용할 수 있는 전략적 기회를 제공하는 책을 쓰자는 아이디어가 탄생했다. 그 결과 데이터의 식별 가능성을 줄이기 위한 엔드 투 엔드 솔루션을 탐구하는 이 책이 나왔다. 이 책은 실제 비즈니스 요구에 따라 가능하고 가장 까다로운 일부 데이터 환경에서 작업하면서 배운 다양한 데이터 수집 모델과 사용 사례를 기반으로 하며 시간 테스트를 견뎌낸 실용적인 접근 방식을 기반으로 한다.

우리가 지속적으로 제기하는 핵심 질문은 개인 정보를 보호하는 방식으로 데이터를 활용하는 방법이지만 분석이 유용하고 의미 있을 정도로 데이터가 충분히 세분화되도록 보장하는 것이다. 익명화를 통해 식별 가능성을 줄임으로써 조직은 안전하고 반복 가능한 익명화 과정을 수립하고 데이터 흐름과 분석에 지속 가능한 방식으로 통합할 수 있다. 데이터 또는 통계의 출력을 생성하기 위해 데이터를 일반화, 억제 또는 랜덤화함으로써 식별 가능성을 줄

---

[1] 칼레드 엘 에맘(Khaled El Emam), 루크 아버클(Luk Arbuckle) 공저 『건강 데이터 익명화: 사례 연구 및 시작 방법』(Sebastopol, CA: O'Reilly, 2014), http://oreil.ly/anonymizing-health-data

이는 다양한 기술을 설명할 것이다. 또한 이러한 기술이 데이터 공유의 맥락에서 필요한 데이터 변환의 수준을 높이기 위해 '위험 기반' 방법이라는 광범위한 주제에 어떻게 부합되는지 설명할 것이다.

> **NOTE_** 위험 기반 접근 방식의 목적은 주관적인 직감 검사를 확장 가능하고 비례적인 보다 유도된 의사 결정 접근 방식으로 대체하여 데이터를 충분히 보호하면서 유용하도록 보장하는 솔루션을 만드는 것이다. 객관적인 지원을 제공하기 위해 통계적 추정량이 사용되며, 의사 결정을 추진하기 위한 경험적 증거에 더 중점을 둔다.

우리는 학술 연구 및 저술에서부터 교육 과정, 세미나, 프레젠테이션에 이르기까지 개인 정보 보호 분야에서 30년 이상의 경력이 있으며 최고의 숙련된 연구자, 데이터 과학자 및 실무자 팀을 운영하고 있다. 우리는 개인 정보 보호 기술을 실천하는 방법에 대해 많은 것을 배웠다. 이러한 지식을 공유하여 모범 사례를 발전시키는 데 도움을 주고자 한다. 이전에 개인 정보 보호 책임자인 앤 카부키안 박사가 설계에 의한 개인 정보 보호라는 영향력 있는 콘셉트로 옹호해온 개인 정보 보호의 '윈-윈'을 달성할 수 있음을 입증하고자 한다.[2] 많은 개인 정보 보호 옹호자들은 개인 정보 보호를 장려되고 강화되는 사회적 이익으로 취급할 수 있으며 현대 사회의 요구를 충족시키면서 이것을 달성할 수 있는 실용적인 방법이 있다고 믿는다.

그러나 우리 책은 이론의 책이 아니라 전략의 책이다. 이 책을 익명화 도구 및 프로세스의 전체 범위를 계획하고 사용하는 방법에 대한 조언자라고 생각하라. 이 책은 데이터를 원래 의도한 것 이외의 목적으로 사용하는 방법을 안내하여 데이터가 더 풍부할 뿐 아니라 그 사용이 합법적이고 방어 가능한지 확인하는 데 도움을 준다. 우리는 관련된 데이터의 식별 가능성에 대한 세 가지 등급에 기초한 다양한 시나리오를 검토하고 조직이 어려움을 겪고 있는 몇 가지 전략적 고려 사항을 이해하기 위한 세부 정보를 제공한다.

------

2 앤 카부키안, 「설계에 의한 개인정보 보호: 7가지 기본 원칙」, 온타리오주의 정보 및 개인정보 보호 위원회(2011년 1월), https://oreil.ly/eSQRA

CAUTION 우리 목표는 개인 정보 보호 고려 사항을 기술 솔루션에 일치시키는 데 도움을 주는 것이다. 하지만 이 책은 익명화와 관련된 다양한 주제를 다루는 일반적인 내용이며 법적 해석은 상황에 따라 다르므로 법률 및 개인 정보 보호팀과 상의하기 바란다. 이 책에서 제시한 자료는 정보 제공 목적이지 법률 자문을 제공하기 위한 것은 아니다. 자, 이제 면책 조항을 제시했으니 숨쉬기가 편할 것 같다.

누구를 위한 책인가

이 책의 콘셉트를 잡을 때 독자를 두 부류의 그룹으로 나누었다. 전략적인 지원이 필요한 사람(1차 독자)과 전략적 결정을 이해해야 하는 사람(2차 독자)이다. 정부든 산업이든 데이터를 지키는 것은 기능적 요구다. 독자가 데이터 개인 정보 보호 및 데이터 보호 법률을 준수하는 것 이상의 일을 할 준비가 되어 있다고 가정한다. 또한 안전하고 책임감 있는 데이터 사용을 위해 데이터 접근 모델을 찾고 있다고 가정한다.

1차 독자: 비전을 만들고 그 비전의 성공적인 실행을 보장하는 데 관심이 있다.

- 데이터를 최대한 활용하는 방법(예: 효율성 개선, 새로운 통찰력 도출, 신제품 출시)에 대해 고민하는 경영진은 서비스를 보다 광범위하게 만들고 개선하기 위해 노력하고 데이터 주체의 개인 정보를 강화하기 위해 노력한다. 그들은 이 책을 훑어보면서 자신의 비전과 익명화가 어떻게 들어맞는지 확인할 것이다.
- 데이터 설계자 및 데이터 엔지니어는 자신의 문제를 개인 정보 보호 솔루션과 일치시켜 보안 및 개인 정보 보호 분석을 가능하게 한다. 그들은 전략적 의사 결정을 지원하고 사용 사례에 필요한 구체적인 사항을 파악하는 데 도움이 되는 특정 세부 정보와 고려 사항을 더 많이 알고 있다.

2차 독자: 비전을 이해하고 그것을 어떻게 실행할 것인가에 관심이 있다.

- 데이터 접근 권한과 관련하여 내린 결정을 이해하고자 하는 데이터 분석가 및 데이터 과학자. 이들은 세부 지향 그룹으로서 우리가 책 한 권에서 다룰 수 있는 것보다 더 많은 질문을 가지고 있을 수 있다. 우리 경험에 의하면 이것은 개인 정보를 더 광범위하게 이해하는 것으로 이어질 수 있다(확실히 좋은 점이다).
- 조직의 분석 기능을 지원하고자 하는 개인 정보 보호 전문가. 그들은 개인 정보를 영위하며 살고 있으며 기술적 배경이 없다면 실제로 구체적인 부분과 고려 사항을 파고들기 원할지도 모른다. 이렇게 하면 개인 정보 보호에 대한 강력한 지식과 이해로 사용 사례를 지원할 수 있는 방법을 파악할 수 있다.

데이터의 안전하고 책임 있는 사용에 대한 전략서를 작성하는 데 있어 핵심 과제는 언어와 범위 측면에서 적절한 균형을 맞추는 것이다. 이 책은 개인 정보 보호, 데이터 과학 및 데이터 처리를 다룬다. 이 모든 영역에서 독자에게 몇 가지 기본 개념을 소개하겠지만 일부 독자에게는 이러한 내용이 어려울 수 있다는 것을 알고 있다. 이 책이 중요한 참고 자료가 되기를 바라며 독자들이 필요하다고 느끼는 곳에서 더 많은 것을 배울 수 있기를 바란다.

이 책의 구성

식별 가능성에 대한 이해, 즉 데이터의 특징과 공격 가능성을 식별하여 클러스터링에 대한 합리적인 추정치를 제공하는 것부터 시작하여 익명화를 이해하기 위한 개념적인 기초를 제공할 것이다. 우리는 이 작업을 데이터의 식별 가능성을 이해하기 위한 식별 가능성 범위에 대한 내용(2장)과 위협을 이해하기 위한 데이터 공유의 맥락을 설명하는 거버넌스 프레임워크(3장)로 나누어 수행할 것이다. 식별 가능성은 데이터와 콘텍스트가 모두 밀접하게 연결되어 있기 때문에 우리의 식별 가능성 범위는 데이터 식별 가능성의 개념에서 데이터와 콘텍스트를 모두 포함하는 개념으로 발전할 것이다.

식별 가능성에 대한 이러한 개념적 기반으로부터 서로 다른 파이프라인을 생성하기 위한 데이터 처리 단계를 살펴볼 것이다. 4장은 개인 정보 엔지니어링에서 식별된 데이터와 개념으로 시작할 것이다. 즉, 개인 정보 보호를 염두에 두고 시스템을 설계하고, 보호 기능을 구축하고, 특히 외부에 있는 데이터의 새로운 사용에 대한 식별 가능성을 줄이는 방법을 살펴볼 것이다. 또한 동일한 데이터 보유 기반에서 식별된 데이터와 익명화된 데이터를 모두 보유하는 문제에 대해서도 다룰 것이다.

식별된 데이터와 관련된 요구 사항을 정립한 후에는 앞서 가명으로 처리한 직접 식별이 제거된 다른 유형의 데이터를 고려하겠다. 이것은 데이터에서 사람들의 이름과 주소를 제거함으로써 식별 가능성을 줄이기 위한 첫 번째 단계다. 5장에서는 명시적으로 데이터를 익명화하는 작업을 시작한다. 먼저 가명화가 데이터 보호에 적합한지 살펴보고 익명화를 위한 첫 번째 단계를 소개한다. 또한 가명 처리된 데이터 위에 배치할 수 있는 분석 기술과 이것이 익명화 측면에서 의미하는 바를 고려한다.

최종 데이터 파이프라인은 6장에서 설명하는 익명화에 전적으로 초점을 맞추고 있다(그러므로 데이터의 2차 사용에 초점을 맞추고 있다). 우리는 익명화를 수신자에게 전달하는 보다 전통적인 접근 방식으로 시작한다. 그러나 익명화된 데이터를 수신자가 끌어낸다고 간주하여 상황을 되돌린다. 이러한 사고방식은 다양한 요구 사항 집합에서 익명화를 활용할 수 있는 흥미로운 기회를 제공하고 데이터 호수를 구축할 수 있는 방법을 제공한다. 우리는 파이프라인 구축에 대한 새로운 접근 방식을 제시하기 위해 다른 장에서 소개한 개념을 바탕으로 이를 수행할 것이다.

7장에서 책임과 윤리에 관한 주제를 포함하여 데이터의 안전한 사용에 대한 논의를 하면서 이 책을 마무리한다. 인공지능과 머신러닝artificial intelligence and machine learning, AIML에서 딥러닝 및 관련 방법의 실제 사용은 데이터 개인 정보 보호 세계에 새로운 우려를 불러일으켰다. 이러한 우려를 관리하기 위해 많은 프레임워크와 지침 원칙이 제안되었으며 익명화 파이프라인을 구축하는 맥락에서 몇 가지 실용적인 고려 사항을 요약하여 제공하겠다.

감사의 글

이 책은 Privacy Analytics에서 자문, 데이터 및 소프트웨어 제공 및 구현 분야에서 일하고 있는 많은 전문가의 지원이 없었다면 불가능했을 것이다. 솔루션을 이론화하는 것과 크고 작은 조직과 협력하여 개인 정보 보호 관행과 솔루션을 시장 및 규모에 맞게 도입하는 것은 전혀 별개의 일이다. 실제 솔루션은 클라이언트와의 협력을 통해 탄생하고 성장한다.

우리는 기술 검토자들에게 찬사를 보낸다. 그들은 시간을 내어 이 책의 초안 전체를 읽고 귀중한 피드백을 제공했다. 그들의 다양한 배경은 중요한 통찰력을 제공했다. 원고에 대한 피드백을 통해 추가 개발이 필요한 영역을 직접 해결할 수 있었다. 이 책에 표현된 견해와 의견은 우리의 것이지만 이들의 피드백을 이 책의 최종판에 성공적으로 접목시켰으면 한다. 알파벳 순서로 다음과 같이 감사 인사를 전한다. 표준 및 위험 관리 전문가인 브라이언 클라인[Bryan Cline], 실제 익명화 전문가인 조던 콜린스[Jordan Collins], 비즈니스 기술 전문가인 르로이 루게리오[Leroy Ruggerio], 데이터 보호 기술 전문가인 말콤 타운센드[Malcolm Townsend]에게 감사를 표한다.

우리에게 영감을 준 파이브 세이프[Five Safes]의 채택을 촉진하고 만들어준 펠릭스 리치[Felix Ritchie]에게도 감사를 표한다. 3장 전체에서 파이브 세이프를 다루고 있으며 그 장의 초안을 작성한 이후로 펠릭스와 함께 작업할 수 있었던 것은 행운이었다. 최종 편집에는 피에르 셰틀라[Pierre Chetelat]가 도움을 주어 감사했고, 이는 또한 그가 우리가 일하는 법률 및 기술 분야에 대해 배울 수 있는 기회가 되었다.

마지막으로 익명화에 관한 책을 쓸 기회를 준 오라일리에 감사한다. 이 책의 집필과 편집을 지원해준 오라일리의 개발 편집자인 멜리사 포터[Melissa Potter], 보이지 않게 뒤에서 지원해준 성실한 원고 편집자, 그래픽 아티스트, 기술 지원 및 책을 시장에 내놓기 위해 노력한 모든 분께 감사드린다.

CONTENTS

CHAPTER 1 시작하기

CHAPTER 2 식별 가능성 스펙트럼

CONTENTS

CHAPTER 3 실제적인 위험 관리 프레임워크

CHAPTER 4 식별된 데이터

CHAPTER 5 가명화된 데이터

CHAPTER 6 익명화된 데이터

CONTENTS

CHAPTER 7 안전한 사용

시작하기

데이터는 경제 및 연구 활동에서 혁신의 중요한 동력으로 인식되며 서비스를 개선하고 새로운 통찰력을 도출하는 데 사용된다. 서비스 제공 및 사용 방법에 대한 관련 데이터 분석을 기반으로 서비스를 보다 효율적으로, 저렴한 비용으로, 더 높은 가용성으로 제공한다. 몇 가지 예를 들면 통찰력은 삶의 여러 측면에서 결과를 개선하고, 치명적인 사고(여행, 직장 또는 여가에서)의 가능성을 줄이고, 재정 투자로부터 더 나은 수익을 얻거나 질병의 진행과 환경의 영향을 이해할 수 있게 함으로써 건강 관련 결과를 개선한다. 데이터를 책임감 있게 공유하고 사용하는 것은 이러한 모든 데이터 기반 활동의 핵심이다.

이 책의 초점은 데이터 파이프라인 내에서 식별 가능성을 줄이기 위한 솔루션을 구현하고 배포하는 것이므로 제품 생산에서 사용할 기술 및 데이터 흐름에 대한 콘텍스트를 확고히 하는 것이 중요하다. 예제 애플리케이션에는 구조화된 데이터 수집부터 사물인터넷Internet of Things, IoT 및 장치 데이터(스마트 시티, 통신, 의료)에 이르기까지 모든 것이 포함된다. 의사 결정권자는 특정 기술의 장점과 한계 외에도 배치된 데이터 파이프라인 내에서 이러한 기술이 어디에 적용되는지 이해해야 **식별 가능성 스펙트럼**spectrum of identifiability을 가장 잘 관리할 수 있다. 다양한 데이터 변환 및 공개 콘텍스트를 탐색할 때 알 수 있듯이 식별 가능성은 단순한 흑백 개념 이상이다.

솔루션 선택을 주도할 개념과 솔루션 구현 방법을 알아보기 전에 먼저 개인 정보 보호 및 데이터 보호에 대한 몇 가지 개념을 이해해야 한다. 이것은 이 책의 범위, 특히 식별 가능성을 줄이는 범위를 구성하는 데 도움이 될 것이다. 이 책은 익명화에 관한 책이지만 개인 정보 보호 및 데이터 보호 법률 및 규정에 의해 확립된 다양한 범주도 다룬다. 또한 이러한 법률 및 규정의 개념을 통해 적절한 익명화를 지원하는 방법을 보여주고 적절한 익명화를 사용하지 않아 문제가 발생한 사례를 제공한다. 실제로 익명화는 단순히 데이터에서 사람의 이름을 삭제하는 것 이상을 포함해야 한다.

1.1 식별 가능성

모범 사례는 데이터가 식별 가능성 스펙트럼에 속하며,[1] 이 스펙트럼을 활용하여 익명화를 위한 다양한 파이프라인을 생성할 수 있다는 점을 인식하는 것이다. 이 스펙트럼은 보안 및 개인 정보 보호 통제를 비롯한 기술 지원 프로세스를 통해 관리하는데, 특히 데이터 변환 및 모니터링을 통해 관리된다. 다양한 데이터 수집 사용 사례에 대한 데이터 공유 옵션을 객관적으로 비교하여 독자가 자신의 문제를 개인 정보 솔루션과 일치시키는 방법을 이해하여 개인 정보를 안전하게 보호하는 분석을 가능하게 한다. 보다 광범위한 이점과 요구 사항에 비추어 개인 정보를 의미 있게 보호하는 동시에 유용한 데이터를 제공하는 위치와 시기를 포함하여 식별 가능성을 줄이는 방법에는 다양한 순열이 존재한다.

기술이 익명화를 가능하게 하는 중요한 요소지만 기술이 이야기의 끝은 아니다. 익명화 프로세스의 위험에 대한 설명은 적절한 수준의 데이터 변환 및 분석 결과에 영향을 미치는 데이터 효용성을 달성하는 데 매우 중요하다. 따라서 사용 가능한 결과를 유지하기 위해 조직은 각 공개 콘텍스트와 관련된 통제를 측정, 모니터링 및 보장할 수 있는 효율적인 방법을 가지고 있어야 한다. 감사관 및 조사관은 위험 관리시 적절한 균형을 충족하는지 확인하기 위해 구현을 검토해야 하므로 계획 및 문서화는 규제 대상 영역에 매우 중요하다.

그리고 궁극적으로 익명화는 개인 정보 보호를 강화하기 때문에 데이터를 책임감 있게 사용하는 촉매제가 될 수 있다. 개인 식별 능력을 제한함으로써 데이터를 책임감 있게 사용하는 보안 요소가 있을 뿐만 아니라 개인보다 더 넓은 통찰력을 도출하는 데서 비롯되는 윤리적 요소가 있다. 개념적으로는 개인이 아닌 '통계'(즉, 수치 정보)를 사용하고, 이러한 통계를 사용하여 더 광범위한 모집단 및 적용 영역에 대한 통찰력을 활용하여 도달 범위와 영향력을 높인다고 생각할 수 있다. 다음 절에서는 알아두어야 할 몇 가지 용어를 설명하겠다.

[1] 다양한 통제에 적용되는 식별 가능성 스펙트럼에 대한 요약은 켈시 핀치(Kelsey Finch)의 「실용적 비식별화를 위한 시각적 가이드」를 참조하라. Future of Privacy Forum, 2016년 4월 25일, https://oreil.ly/siE1D

1.2 용어

익명화에 대해 더 자세히 알아보기 전에 먼저 개인 정보 보호 환경에 익숙하지 않은 사용자를 위해 몇 가지 용어를 설명하겠다. 우리는 잠재적인 데이터 파이프라인에 기반한 다양한 개인 정보 보호 고려 사항과 데이터 흐름을 설명하고 이것을 간단히 **데이터 공유**^{data sharing}라고 할 것이다. 데이터 복사본에서와 같이 데이터가 다른 당사자에게 공개되거나 조직 내부의 시스템 또는 저장소의 외부 사용자에게 접근 권한이 부여되든 상관없이 데이터는 모두 공유된다. 때로는 **공개**^{disclosure}라는 용어가 데이터 공유에도 사용되며 이는 매우 넓은 의미에서 사용되고 있는 것이다. 단순성을 유지하기 위해 우리는 이 용어들을 구분하지 않을 것이다.

데이터 관리자^{data custodian}라는 용어는 데이터를 공유하는 개체(사람 또는 회사를 의미)를 지칭하고 **데이터 수신자**^{data recipient}는 데이터를 받는 개체를 지칭하는 데 사용된다. 내부 데이터 공유 시나리오의 경우 데이터 관리자는 하나의 개체로서의 조직이고 데이터 수신자는 해당 조직 내의 기능 단위다. 조직은 기능 단위와의 데이터 공유에 대한 감독을 유지하고 기능 단위가 별도의 단위로 취급되어 합법적인 데이터 수신자로 평가 및 취급될 수 있도록 보장한다. 이 시나리오는 이 책 뒷부분에서 더 자세히 논의할 것이다.

> **NOTE_** 이 책에서는 '재식별 위험'에 대해 언급하는 대신 식별 가능한 정보를 설명하는 개인 정보 보호 법률 및 규정과 잘 어울리는 식별 가능성이라는 용어를 사용할 것이다. 이러한 조치가 확률적이긴 하지만 비전문 가들은 이러한 접근법이 '위험'에 초점을 맞추고 있기 때문에 위압적이고 낙담스럽다고 생각한다. 이러한 언어 변경이 보다 합리적인 분위기를 조성하여 식별 가능성을 줄이고 데이터가 식별 불가능하다는 합리적인 확신을 제공하는 데이터 파이프라인 구축의 중요한 측면에 초점을 맞추길 바란다.

우리는 **개인 데이터**^{personal data}가 식별 가능한 개인에 대한 정보라는 것을 설명하지 않으면 익명화 및 일반적인 개인 정보 보호를 설명하는 데 어려움을 겪을 것이다. 또한 **개인 정보**^{personal information}(캐나다에서 언급), **개인 식별 정보**^{personally identifying information}(미국에서 사용), **보호되는 건강 정보**^{protected health information}(특정 미국 의료 기관에 의해 정의된 식별 가능한 건강 정보)라는 용어를 접할 수 있다. 개인 정보는 아마도 이러한 용어 중 가장 광범위할 것이다(유럽의 개인 정보 보호 규정으로 인해 전 세계적으로 큰 영향을 미쳤다). 우리는 분석을 위한 **데이터**^{data}에 중점을 두고 있으므로 이 책 전체에서 이 용어를 사용할 것이다. 법적 문서에서 사용되는 용어는 적용되는 법률에 따라 달라진다. 예를 들어 보호된 건강 정보와 혼합된 개인 식별 정보는 단순히 보호된 건강 정보라고 부른다.

개인 데이터가 논의될 때 식별 가능한 개인을 종종 **데이터 주체**^(data subject)라고 한다. 데이터 주체가 반드시 '연구 대상'(즉, '분석 단위', 과학적 연구에서 연구 대상자 또는 사물을 의미하기 위해 일반적으로 사용하는 용어)은 아니다. 출생에 대한 데이터를 수집하는 경우 연구 대상은 실제 출생, 신생아 또는 산모일 수 있다. 즉, 통계 분석은 이것들 중 하나에 초점을 맞출 수 있으며 연구 대상을 변경하면 데이터가 구성되는 방식과 통계 도구가 사용되는 방식이 바뀔 수 있다. 예를 들어 산모 분석은 다른 구조적 수준에 있는 신생아와 계층적일 수 있다. 다음 장에서는 통계 분석과 관련된 간단한 데이터 구조를 설명할 것이다.

이 책과 대부분의 개인 정보 보호 법률 및 규정의 목적에 따라 데이터에 포함된 모든 개인은 데이터 주체로 간주된다. 연구 대상은 가정이 될 수 있으며, 성인 보호자가 연구의 주요 관심 대상인 개인을 대표한다. 한 사람(부모 또는 보호자로서)의 자녀 수는 개인적인 것이지만 아이들은 그 자체로 데이터 주체이기도 하다. 즉, 법과 규정은 다양하며 예외도 있다. 전문적인 활동에 대한 정보는 기밀일 수 있지만 반드시 사적인 것은 아니다. 우리는 이러한 예외를 무시하고 우리가 보호하고자 하는 신원을 가진 데이터 주체로서 데이터의 모든 개인에게 초점을 맞출 것이다.

1.2.1 법률 및 규정

익명화를 이해하는 데 도움이 되는 용어의 대부분은 개인 정보 보호 법률 및 규정[2]에서 찾을 수 있다. 정보 보호 또는 개인 정보 보호 법률 및 규정(간단히 법률 및 규정 또는 개인 정보 보호 법률 및 규정이라고 함)과 후속 법적 판례에서 개인 정보가 의미하는 바를 정의한다. 이 책은 법률에 관한 책은 아니지만 고려해야 할 많은 법과 규정이 있다(지역에 따라 국가, 구역, 분야, 문화 또는 규범 포함). 그러나 정의 방법과 범위 측면에서 익명화 분야에 영향을 미쳤기 때문에 우리 목적에 주목할 만한 두 가지가 있다.

건강 보험 정보의 이전 및 책임에 관한 법률(HIPPA)

미국 보건 데이터(및 그 하위 집합)[3]와 관련하여 HIPPA에는 익명화(법에서는 비식별화라고 함)에 대한 가장 서술적인 정의를 제공하는 개인 정보 보호 규칙이 포함되어 있다. 전

---

2 일반적으로 법률은 입법부가 규칙을 성문화하기 위해 작성하고, 규정은 이러한 규칙을 실행하기 위해 행정 기관 및 부서에서 작성한다. 둘 다 시행 가능하다.

3 HIPAA는 의료 서비스 제공자, 의료 정보 교환소, 보건 계획(총칭하여 잘 알려진 적용 대상 엔티티라고 함)과 사업 관계자에게도 적용된다. 이러한 범주에 속하지 않는 건강 데이터에는 HIPAA가 적용되지 않는다.

문가 결정^{Expert Determination}으로 알려진 이 접근법은 데이터를 익명화하기 위해 일반적으로 허용되는 통계 또는 과학적 원칙과 방법에 익숙한 사람이 개인을 식별할 위험이 '매우 작음'[4]이다.

일반 데이터 보호 규정(GDPR)

유럽 연합의 이러한 매우 포괄적인 규정은 부분적으로 치외법권 범위(데이터가 처리되는 위치와 관계없이 유럽 거주자에게 적용되며 서비스가 의도적으로 유럽을 대상으로 하는 경우)와 조직의 글로벌 기반에 적용되는 수익을 기반으로 도입된 과징금의 심각성 때문에 광범위한 영향을 미쳤다. 이 규정은 위험 분석 또는 평가에 대해 많은 언급이 있는 '위험 기반'(또는 상황별)이다.[5]

기술이 발전함에 따라 익명화된 데이터에 대한 새로운 위협도 증가하고 있다. 더 많은 정보를 공개적으로 이용할 수 있고, 공개 정보를 수집 및 결합하는 데 사용할 수 있는 새로운 기술과 방법이 제공되며 데이터에 대한 공격을 시작하는 새로운 방법이 등장하고 있다. 한편 사이버 보안과 익명화 모두에서 데이터를 보호하는 기술은 노후화되어서 업데이트와 개선이 필요하다. 즉, 식별 가능성에 대한 평가는 데이터를 식별할 수 없는 상황이 유지되도록 하기 위해 주기적인 검토와 지속적인 감독이 필요함을 의미한다.[6] 사이버 보안과 마찬가지로 평가는 지속적인 모니터링 외에도 12개월에서 24개월마다 다시 수행해야 한다.

미국 및 유럽의 개인 정보 보호 규정을 도입했으므로 유사한 개념을 참조하기 위해 각 관할 구역에서 사용되는 용어 중 일부를 명확히 해야 한다. 실제로 미국에는 주 수준^{state-level}의 개인 정보 보호 법률(예: 캘리포니아 소비자 보호 법률 및 메인^{Maine}주의 LD 946)이 있고 추가 계층을 추가하는 유럽 회원 수준의 개인 정보 보호 법률도 있지만 앞서 언급한 두 가지 규정에 초점을 맞추고 있다. 우리 목적을 위해서는 [표 1-1]의 조건으로 충분하다. 그리고 완벽을 기하기 위해 개인 데이터의 정의^{definition}를 반복해 왔다는 것도 알 것이다. 정의는 미국과 유럽의 용어를 일치시키기 위한 시도의 기본 해석일 뿐이다. 이는 용어 정렬에 대한 몇 가지 지침을 제공하기 위한 것이다. 특정 상황에 대해서는 법률 및 개인 정보 보호 팀과 논의하라.

---

4 자세한 내용은 시민권리 사무국에서 제공하는 「건강 보험 정보의 이전 및 책임에 관한 법률과 개인 정보 보호 규칙에 따른 정보 식별 방법 관련 지침」 참조. 미국 보건복지부, 2015, https://oreil.ly/OGxxa

5 유럽 맥락에서 '위험 기반'을 이해하려면 제29조 정보 보호 워킹 그룹(Article 29 Data Protection Working Party), 「데이터 보호 법적 프레임워크에서 위험 기반 접근 방식의 역할에 대한 설명」을 참조하라. 2017년 10월 4일, https://oreil.ly/A3Tpd

6 예를 들어 심슨 가핑켈(Simson Garfinkel)의 「개인 정보의 식별 해제」에 설명된 동기를 참조하라. NISTIR-8053, 미국 국립표준기술연구소, 2015년 10월, https://oreil.ly/ebsSD

표 1-1 미국과 유럽 용어의 유사성에 따른 기본 정의

미국 HIPAA	유럽 GDPR	일반적인 정의
보호된 건강 정보	개인 데이터	식별 가능한 개인에 대한 정보
비식별화	익명화	식별 데이터와 데이터 주체 간의 연관성을 제거하는 공정
적용 대상 개체	데이터 컨트롤러	개인 데이터의 처리 목적 및 수단을 결정하는 주체
사업 관계자	데이터 프로세서	데이터 컨트롤러를 대신하여 개인 데이터를 처리하는 기관
데이터 수신자	데이터 프로세서(개인 데이터용)	데이터 관리자가 데이터를 공개하는 주체
제한된 데이터셋	가명 데이터	추가 정보를 사용하지 않고 더 이상 특정 데이터 주체에 귀속될 수 없는 개인 데이터

이제 이러한 규제 행위에 사용되는 용어에 대해 익숙해졌으니 개인 데이터를 식별 가능하게 하는 항목과 익명화를 정의할 목적으로 '식별 가능'이라는 용어를 어떻게 해석할지에 대한 주제로 돌아가겠다. 당국의 지침은 전적으로 상황에 따라 이루어지며 데이터 공유의 이점과 위험을 적절하게 관리하기 위한 식별 가능성을 충분히 줄이는 익명화 해석의 균형을 맞추려고 한다. 이용 가능한 다양한 지침 문서는 검토하지 않겠다. 우리의 이전 작업은 지침에 영향을 끼쳤으며 이 책도 그 지침의 영향을 받았다. [표 1-2]는 식별 가능한 정보를 구성하는 것이 무엇인지에 대한 다양한 해석이다.

표 1-2 다양한 기관의 식별 가능성에 대한 조건

권한	식별 가능성의 정의
캘리포니아 소비자 보호 법률 (미국)	특정 소비자 또는 가구와 직간접적으로 관련 있거나 합리적으로 연계될 수 있음
연방 법원(캐나다)	해당 정보를 단독으로 또는 다른 정보와 결합하여 개인을 식별할 수 있는 심각한 가능성
GDPR(유럽)	식별 가능성은 객관적인 요소(예: 식별에 필요한 비용 및 시간)를 고려하여 데이터 주체를 식별하기 위해 '합리적으로 사용될 가능성이 있는 수단'으로 정의된다.
HIPAA(미국)	식별 가능성을 믿을 수 있는 합리적인 근거. 그러나 전문가가 재식별의 위험이 '매우 적음'을 인증하는 경우 식별 불가
일리노이주 대법원(미국)	고도의 숙련자가 재식별해야 하는 경우 식별 불가
캐나다 개인 정보 보호 위원회 사무소	'심각한 가능성'은 사소한 가능성 이상의 것을 의미하며 확률의 균형보다 작은 것을 의미한다.

표에서 볼 수 있듯이 당국은 일반적으로 식별 가능성에 대한 명시적인 측정을 제공하지 않는다. 이러한 용어가 명확하지 않더라도 개인 정보 보호 법률 및 규정에서 과학적 규범보다 법적

언어를 찾는 것이 더 일반적이다.[7] 다행히도 우리가 참고할 수 있는 전문가의 지침과 과학적인 규범이 있다. 식별 가능성을 잘 알려진 세 가지의 상태로 나눌 수 있다.

1.2.2 데이터 상태

서문에서 식별 가능성 스펙트럼을 언급했는데, 이는 당국이 개인 데이터를 정의하는 방식과 규정, 해석 및 지침의 다양한 섹션에 영향을 미친다. 식별 가능성 스펙트럼은 다음을 고려하여 결정된다.[8]

- 데이터 수신자의 ID(공유 데이터에 접근하는 사용자를 알 수 있도록)
- 계약적 통제(데이터 수신자가 법적 의무를 알 수 있도록)
- 개인 정보 보호 및 보안 제어(공유 데이터 접근 및 데이터 수신자에 대한 제한이 적용됨)
- 식별 정보의 변환(데이터 수신자가 재식별을 시도하더라도 재식별을 제한함)

이 책은 식별화, 가명화, 익명화라는 세 가지의 주요 상태를 기반으로 식별 가능성 스펙트럼을 따라 몇 가지 지점을 중심으로 구성되었다. 이는 [그림 1-1]에 나와 있으며, 아래에 자세히 설명되어 있다.

그림 1-1 익명화 파이프라인을 구축하는 데 사용되는 잘 정립된 데이터 상태

---

7 이러한 용어 중 일부가 어떻게 해석되는지에 대한 흥미로운 예는 앤드류 모부신(Andrew Mauboussin)과 마이클 J. 모부신(Michael J. Mauboussin)의 「만약 여러분이 어떤 일이 일어날 가능성이 있다고 말하면, 사람들은 얼마나 그럴 가능성이 있다고 생각할까?」에 나와 있다. 하버드 비즈니스 리뷰, 2018년 7월 3일, https://oreil.ly/bdiIi

8 이 중 다수는 칼레드 엘 에맘 등이 쓴 「7가지 데이터 상태: 개인 정보가 아닌 유사 데이터인 경우?」에 설명되어 있다. 브뤼셀 개인 정보 보호 심포지엄: 익명화 및 가명화를 위한 정책 및 실용적인 솔루션, 2016년, https://oreil.ly/Nn925

식별화

식별화[identification]라는 용어는 데이터에 이름이나 주소와 같은 직접 식별되는 정보가 있다는 의미로 사용한다. 우리는 **식별된 것**과 **식별 가능한 것**을 구별한다. 데이터셋에서 개인은 이미 사용 가능한 데이터 또는 다른 정보(외부 또는 공격자에게 알려진)와 결합하여 개인을 식별할 수 있다고 예상하는 것이 합리적이라면 **식별할 수 있다**. 스펙트럼에 따라 많은 지점이 식별 가능한 것으로 간주되며, 따라서 개인으로 간주된다. 그러나 **식별된다는 것**은 신원이 알려지고 데이터와 연결된다는 것을 의미하며, 이는 종종 정확한 사람에게 서비스를 제공할 때 발생한다. 식별된 데이터는 가장 많은 위험과 개인 정보 보호 및 데이터 보호 의무를 수반한다.

가명화

가명화[pseudonymization]라는 용어는 GDPR의 도입과 함께 대중화되었다. 기술적으로 말하자면 가명화할 때 직접 식별 정보를 가명으로 대체할 필요는 없으며 토큰이나 가짜 데이터일 수도 있고 심지어 숨길 수도 있다. 법적 용어 가명화는 데이터 보호 메커니즘으로서 단순히 식별자가 어떤 식으로든 제거되었음을 의미한다. 재식별에 필요한 추가 정보는 별도로 보관되며 기술 및 관리(또는 조직)의 통제를 받는다. 개인 데이터 작업 시 법적 의무를 줄일 수 있는 추가 데이터 변환 또는 제어를 고려하는 것이 이 책에서 가명화라는 용어를 사용하는 방법이다. 따라서 가명 데이터는 식별 데이터는 아니지만 여전히 **식별 가능한** 데이터다.

익명화

익명화[anonymization]는 주어진 데이터 공유 모델에 대한 직접 및 간접 식별자를 제거하여 데이터를 식별할 수 없다는 합리적인 보장을 제공하는 프로세스다. 따라서 익명화된 데이터는 데이터 공유 시나리오의 맥락에서 고려된다. 익명화는 법적으로 방어할 수 있어야 한다. 노출을 완화하고 데이터 주체에 대한 책임을 진지하게 받아들였음을 입증하기 위해 현재 법적 프레임워크의 표준을 준수하고 정부 기관 및 규제 당국(즉, 데이터 보호 및 개인 정보 보호 위원회)에 증거로 제시되어야 한다. 기술적으로 간접 식별자를 '제거'한다는 것은 다양한 형태의 일반화, 억제 또는 무작위화를 의미할 수 있으며 이 모든 것은 관련 위협과 선호하는 완화 전략에 따라 결정되어 데이터가 분석 요구 사항에 유용하게 유지되도록 한다.

다른 용어도 이 책 전체에 걸쳐 소개하겠지만 방금 소개한 용어들은 이 책을 읽기 위해 필요한 것들이다. 방금 소개한 용어는 규정에 대한 논의를 포함하고 있으므로 이 절은 최소한 어느 정도 용어 및 규정을 소개하는 역할을 했다. 책을 읽으면서 개념이나 고려 사항을 설명하기 위해 필요한 곳에서 규정을 설명할 것이다. 다음 절에서는 익명화 프로세스와 관련된 규제 고려 사항을 자세히 알아보겠다.

1.3 데이터 보호로서의 익명화

'익명'이라는 용어를 둘러싼 상당한 논쟁이 계속되어 왔는데 종종 익명화의 결과에만 초점을 맞추고 있다(즉, 데이터에서 누군가가 합리적으로 식별될 수 있는지 그리고 무엇이 '합리적인' 것으로 간주되는지).[9] 익명화가 데이터 보호의 한 형태라는 것을 간과해서는 안 된다. 개인 정보 보호를 강화하려면 익명화가 필요하며, 이는 또한 실용적이고 유용한 데이터를 생성해야 함을 의미한다. 익명화 기술의 사용을 방해하거나 제한하는 것은 단순히 조직에서 식별된 데이터를 사용하도록 유도하거나 혁신을 못하게 할 것이다. 데이터를 공유하고 사용함으로써 얻을 수 있는 많은 이점이 있으므로 책임감 있게 수행하도록 하자.

우리는 익명화 과정에서 '유용한 데이터'를 생성할 필요성을 계속 언급하고 있다. 여기서 우리가 피할 수 없는 현실이 있는데, 이전 책에서 골디락스 원리^{Goldilocks Principle}라고 불렀던 것이다. 골디락스 원리는 위험과 이익의 균형을 맞출 필요가 있다는 생각이며, 이 경우 이익은 데이터의 유용성과 데이터에서 얻을 수 있는 통찰력이다. 목적과 데이터 주체의 정체성을 보호하는 데이터를 생성함으로써 윈-윈 상황을 달성할 수 있다. 그러나 데이터쟁이^{data geek}로서 우리는 위험이 0이 아니라는 것을 분명히 해야 한다. 길을 건너기 위해 양쪽을 볼 때 우리는 위험을 측

---

9 익명화에 대한 논쟁과 다양한 관점에 대한 좋은 토론을 위해 아이라 루빈스타인(Ira Rubinstein)과 우드로 하르조그(Woodrow Hartzog)의 『익명화 및 위험』을 읽어볼 것을 권한다. 워싱턴 법률 리뷰 91, no. 2 (2016): 703-60, https://oreil.ly/Yrzj6

정하고 있는 것이다. 도로를 건널 때 우리가 감수하는 위험은 수량화될 수 있지만 그것은 본질적으로 통계적인 것이며 길을 건너지 않는 한 결코 0이 아니다. 그러나 우리는 매일 길을 건넌다. 우리는 가능한 위험을 고려하고 매우 낮은 확률을 달성하는 것을 목표로 한다.

암초와 같이 단단한 장소에 끼어 있는 우리를 생각해보자. 개인 데이터 분석을 수행하려는 데이터 공유 시나리오에는 항상 발신자(데이터 관리자)와 수신자(데이터 분석가)가 있다. 그러나 수신자는 도청자 또는 공격자로 간주된다(이 경우 의도적이든 아니든 데이터를 재식별할 수 있는 법인 또는 개인을 의미하므로 프로세스에 위험이 추가됨). 이를 수신자가 암호를 해독하고 발신자가 공유한 원본 데이터에 접근할 수 있는 암호화와 비교해보자. 암호화 예제의 수신자는 데이터를 해독해야 하므로 공격자로 간주되지 않는다. 익명화에서는 그렇지 않다. 익명화된 데이터의 대상 수신자는 데이터를 재식별할 수 없어야 하며 재식별할 수 있다면 문제가된다.

> NOTE_ 데이터 익명화의 목표는 수신자에게 유용한 데이터를 제공하여 수신자의 요구 사항을 균형 있게 조정하는 동시에 수신자를 포함한 공격자가 데이터에서 개인 정보를 추출하는 능력을 최소화하는 것이다. 데이터의 최종 사용자이자 잠재적인 공격자로서 수신자가 수행하는 두 가지 역할은 익명화를 암화화와 구별하고 (공격자와 수신자가 상호 배타적임), 유용하고 안전한 데이터 생성을 어렵게 만드는 것이다.

제로 위험zero risk, 제로 리스크을 추구하는 것보다 더 실용적이고 현실적인 접근 방법은 익명화를 **위험 관리 프로세스**로 간주하여 위험을 **최소화**하는 프로세스에 집중하는 것이다. 이는 예를 들어 히트러스트 얼라이언스HITRUST Alliance에서 채택한 접근 방식으로 조직이 여러 규정 및 표준의 개인 정보 보호 요구 사항을 충족할 수 있도록 하는 프레임워크를 제공한다.[10] 이는 프로세스 기반이고 상황에 맞는 데이터 보안에서 취해진 접근 방식이다. 우리는 이것을 위험 기반 익명화라고 부르며, 우리 연구에는 익명화에 대한 전체적인 접근 방식을 제공하기 위해 항상 프로세스 및 피해 기반 평가가 포함되어 있다.[11] 이 접근법은 데이터에 직접 적용되는 식별 가능성과 데이터 변환을 통계 추정자에게 알려준다. 익명화 주제에 대한 지침은 거의 항상 위험에 기반하여 규정 준수에 대한 확장 가능하고 비례적인 접근 방식을 제공한다.

....
10 「HITRUST 비식별화 프레임워크」, HITRUST Alliance, 2020년 3월 28일, https://oreil.ly/ wMxdF

11 소피 스탤라-버딜런(Sophie Stalla-Bourdillon)과 앨리슨 나이트(Alison Knight)의 「익명 데이터 대 개인 데이터—잘못된 토론: 익명화, 가명화 및 개인 데이터에 대한 유럽 관점」, Wisconsin International Law Journal 34, no. 2 (2017): 284-322, https://oreil.ly/wctgn

CAUTION_ 개인 데이터가 가명화되거나 익명화에 미달한 경우 데이터의 후속 사용은 데이터 수집의 원래 목적과 부합해야 하며 처리를 위한 추가적인 법적 근거가 필요할 수 있다. 어느 쪽이든 가명화는 데이터의 식별 가능성을 감소시킨다. 따라서 우리는 익명화에 미치지 못할 수 있는 식별 가능성을 줄이는 방법도 고려할 것이다. 둘 다 그 자체로 유용하고 익명화를 지향할 가능성이 높기 때문이다. 우리는 사용할 수 있는 모든 도구를 이해해야 한다.

이 장 뒷부분에서 위험 기반 익명화에 대한 아이디어를 살펴보겠지만 먼저 데이터 주체에 대한 승인 또는 동의가 무엇을 포함하는지 그리고 법률이나 규정에서 일반적으로 데이터의 2차 사용을 요구하지 않는 이유를 이해해야 한다.

1.3.1 승인 또는 동의

데이터 보호의 한 형태로서 익명화 자체는 일반적으로 데이터 주체에 대한 승인이 필요하지 않지만 일부 관할 구역에서는 투명성이 권장되고 필요할 수 있다. 다른 형태의 데이터 보호와 마찬가지로 데이터 주체와 데이터 간의 연관성을 제거하기 위해 데이터 주체를 대신하여 익명화가 수행된다. GDPR에 따르면 동의는 다른 관할권보다 더 제한적이기 때문에 여기에서는 동의보다는 승인이라는 용어를 사용한다(즉, 해석에 관한 추가 세부 사항 및 지침을 포함하여 '자유롭게 제공되고, 구체적이며, 정보에 입각하고, 모호하지 않아야 함').

데이터 주체의 승인을 얻는 것은 매우 어렵고 비현실적일 수 있다. 병원에 가서 치료를 받는 사람들에게 자신의 데이터를 다른 목적으로 익명화할 수 있는지 여부를 물어본다고 상상해보자. 진료를 받을 때 물어보는 것이 적절한가? 압박감이나 강요를 느끼는 사람이 있을 것인가? 좌절감이나 양심을 품고 반응적으로 대답할 것인가? 위험이 높지 않고 정보가 유해하거나 민감하지 않은 다른 시나리오에서는 다를 수 있다. 하지만 타이밍과 프레임이 중요하다.

다른 극단적인 면에서 보면 익명화에 대한 승인은 며칠, 몇 달, 심지어 몇 년이 걸릴 수도 있다. 그로 인해 데이터 주체가 이동하고 지인에게 연락처 정보를 요청할 때 어색한 상황이 발생할 수 있다. 이러한 지인들은 데이터 주체와 대화하는 사이가 아니거나 연락처 정보 공유를 꺼릴 수 있다. 또는 관련 데이터 주체가 사망했을 수도 있다. 승인을 얻기 위해 수천 명의 개인에게 접촉하는 것은 비실용적이고 성과가 없을 것이다.

하지만 데이터 주체에 접근할 수 있다고 가정해보자. 일부 개인 정보 보호 학자들은 승인 요청이 이해할 수 없는 법률 용어로 제시되거나 데이터 주체가 의미를 이해하지 못하거나 또는 단순히 귀찮게 하고 싶지 않기 때문에 승인이 의미가 없을 수 있다고 주장해왔다. 승인 구조에 따라 그들은 제공되는 항목에 접근할 수 있도록 승인을 하거나 검색되지 않도록 옵트아웃^{opt-out} 옵션을 선택할 수 있다. 어떻게 이것이 개인 정보를 보호하는 것일까?

반대로 승인은 전적으로 자발적이며 서비스에 대한 대가가 요구되지 않는 프로세스를 상상해 보자. 정부와 민간 부문은 운영을 개선하거나 혁신을 꾀하기 위해 모든 사용 사례와 모든 서비스에 대해 데이터를 익명화하도록 잠재적으로 끊임없는 요청을 해야 할 것이다. 그들은 개인에게 모든 요청을 무시할 정도로 부담을 줄 것이다. 프라이밍^{priming}의 개념은 냉철한 머리가 우세할 때에도 종종 사람들은 주의를 끌 때 개인 정보에 대해 생각한다는 것을 암시한다. 그들은 지금 그 주제에 대해 생각하고 있고 불필요하게 생각하기 때문에 그 주제에 민감해진다. 옵트인^{opt-in}은 데이터 주체 자신이나 더 많은 사람들에게 이익이 되는 경우에도 사용이 드물 것이다.

현실은 특정 부문이나 사용 사례에 따라 승인 비율이 다를 수 있다. 특정 사회경제적 그룹은 개인 정보 문제에 더 민감할 수 있으며 서비스와 통찰력은 특정 그룹에 편향될 수 있다. 프로세스가 지침 또는 표준을 충족하는 경우 데이터 익명화를 위한 기본값으로 설정하면 서비스를 개선하고 새로운 통찰력을 도출하는 데 비개인 데이터가 이용 가능하도록 보장할 수 있다. 이것이 바로 규제가 승인에 대한 대안을 제공하고 식별 가능성을 줄이는 과정보다 훨씬 더 많은 것에 초점을 맞추는 이유이다. 이는 규제 기관에 매우 중요한 목적 사양에 대한 논의로 이어진다.

1.3.2 목적 사양

익명화에 대한 논쟁은 일반적으로 데이터가 원래 수집되었던 목적 이외의 목적으로 데이터를 공유할 때 발생한다. 특히 데이터가 익명화되면 일반적으로 데이터 주체의 승인이 필요하지 않기 때문이다. 익명화 과정도 중요하지만 익명화된 데이터의 사용은 사람들이 우려하는 부분이다. 흥미롭게도 대부분의 사람은 식별된 데이터를 사용하고 있지만 사람들이 어떤 식으로든 차별을 받거나 피해를 입었다고 느끼는 데이터 오용의 예는 너무 많다. 익명화를 한다고 해서 데이터 오용이 해결되지는 않지만 우려를 완화하는 데 도움은 될 수 있다.

예를 들면 개인 데이터는 은행 거래에서 수집될 수 있지만 개인 데이터는 익명으로 처리되어 통찰력을 만드는 데 사용된다(예를 들면 은행 앱과 ATM을 사용하는 연령대, 평일 중에 몇 시에 사용하는지). 비개인 데이터에서 얻은 이러한 데이터 기반 통찰력은 다양한 연령대의 현재 사용 패턴을 기반으로 서비스를 개선할 수 있다. 어떤 사람은 연령대별 서비스를 개선하려는 의도가 있을지라도 이러한 형태의 타깃팅에 문제를 제기할 수도 있다. 모든 조직은 합리적인 투자 수익을 보장하기 위해 결정을 내려야 한다. 그렇지 않으면 투자 수익률은 더 이상 존재하지 않으며 이것은 필연적으로 절충을 의미할 것이다. 그러나 타깃팅이 민감한 인구통계학적 그룹에 영향을 미치는 경우 익명화된 데이터의 경우에도 윤리적인 고려 영역에 들어갈 것이다. 이것은 특히 건강 데이터와 같은 일반적인 중요한 데이터에 해당된다.

데이터가 데이터 주체의 승인을 명시적으로 요구하지 않는 다른 목적으로 사용될 경우 데이터를 사용하는 조직은 데이터 사용이 적절한지 확인하기 위해 신중하게 반영해야 한다. 특히 피해는 데이터의 윤리적 사용에 대한 광범위한 맥락에서 고려되어야 하며 이 문제에 대해서는 이후에 자세히 논의하겠다. 비록 이것이 익명화와 관련이 없는 것으로 간주될 수 있지만 현실은 익명화에 대한 위험 관리 접근 방식이 평가되는 방법에 대한 분위기를 조성할 수 있다는 것이다. 우리는 데이터 보호의 광범위한 맥락에서 익명화의 틀을 고려한다.

식별 가능성을 비개인적인 수준으로 줄이는 것은 본질적으로 통계학, 컴퓨터 과학 및 위험 평가의 조합을 사용하는 기술이다. 신뢰를 얻기 위해 기술 수준을 넘어 개인 정보 보호 및 데이터 보호에 대한 모범 사례를 보다 광범위하게 사용해야 한다. 익명화된 데이터를 사용 목적에 따라 사용하는 경우를 고려해보자. 예를 들어 유럽의 개인 정보 보호 규정에서 한 페이지를 가져와 합법적이고 윤리적인 데이터 재사용을 지원하는 도구로 구성하는 익명화 방법으로 '합법적 이익'을 고려할 수 있다. 즉, 데이터 공유 시나리오는 데이터 재사용(GDPR의 규제 언어로 '처리'라고 함)이 어떻게 합법적이고, 필요하며, 안정적으로 유지하여 지정한 목적에 합당하다고 판단될 수 있는지 고려할 수 있다.

합법성

데이터 재사용은 현재 또는 가까운 미래에 수행되어야 한다. 데이터 재사용에 대한 관심은 상업적, 개인적 또는 사회적일 수 있지만 재사용으로 인한 피해가 발생하지 않도록 해야 한다. 또한 이러한 이해관계를 명확하게 설명할 수 있어야 하며 재사용은 개인에게 설명되는 가상 사례에서 합리적으로 보여야 한다.

필요성

데이터의 재사용은 어느 정도 구체적이고 사용 사례를 대상으로 해야 하며 사전에 제시한 목표를 달성하는 데 필요한 것으로 최소화해야 한다. 과잉 수집은 대중의 눈살을 찌푸리게

할 것이므로 요구 사항이 잘 정리되어 있는지 확인하는 것이 가장 좋다. 다시 말하지만 모든 데이터의 재사용을 개인에게 설명하려고 시도하는 가상의 경우를 상상해보라.

안정성

데이터의 재사용은 잔여 위험이나 데이터 보호 또는 개인 정보 보호 의무 이상의 이점을 가져야 한다. 잠재적인 부정적 영향과 그것들을 완화할 수 있는 방법을 고려해야 한다. 위험-이익 분석risk-benefit analysis의 형태는 완화 전략 선택을 알리고 지원하는 데 도움이 될 수 있다. 힌트: 식별 가능성을 낮추자.

익명화는 앞서 열거한 세 가지 요구 사항 중 두 가지를 해결하는 데 도움이 될 수 있다. 최소한 식별 가능한 정보의 측면에서 **필요한** 것으로 데이터를 더 명확하게 제한할 수 있으며, 데이터 재사용의 위험을 줄임으로써 데이터가 유익한 쪽으로 더 유리하게 **균형**을 맞출 수 있다. 이것은 재사용의 정당성을 남긴다. 익명화를 통해 필요한 데이터만 사용할 수 있고 재사용의 이점이 잠재적인 피해를 능가하는 데 도움이 된다. 그러나 익명화된 데이터가 적절한지 확인하려면 익명화된 데이터가 사용되는 방식을 고려해야 한다.

익명화된 데이터를 사용하기 위해 '합법적인 이익'을 주장해야 한다는 것은 아니다. 익명화된다는 것은 데이터 보호 법률 및 규정이 더 이상 적용되지 않는다는 것을 의미하기 때문이다. 우리가 제안하는 것은 앞의 개인 정보 보호 고려 사항이 해당 사용을 '합법화'하는 데 도움이 될 수 있다는 것이다. 우리는 대화의 틀을 짜고 궁극적으로 익명화를 설명하기 위해 발생하는 보고에 도움이 되는 몇 가지 모범 사례를 참고하고 있을 뿐이다.

1.3.3 재식별 공격

적절한 익명화 방법의 필요성을 더 잘 이해하기 위해 데이터 주체의 익명성이 훼손된 몇 가지 잘 알려진 재식별 공격의 예를 살펴보자. 회의, 학술 출판물 및 미디어에서 반복되는 소규모 공격이 있는데 이는 익명화 분야에 대한 인식을 제고하기 위한 시도다. 모든 과학 분야에서와 마찬가지로 이러한 데이터 포인트는 해당 분야에 정보를 제공하고 발전시키는 증거 역할을 한다 (그리고 증거가 없는 경우 해당 분야는 과학적 타당성에 의존한다). 그들은 공격의 가능성이나 영향은 없을 지라도 잠재적인 취약점을 보여주기 때문에 **데모 공격**demonstration attack이라고 한다. 데모 공격은 재식별 가능성을 입증하기 위해 가장 '재식별 가능한' 개인을 대상으로 한다.

제어 기능이 없고 공격자가 성공적인 시도로 악명을 얻을 수 있기 때문에 공개 데이터 공유의 위험이 있다.

이러한 잘 알려지고 공개된 재식별 공격은 익명화된 데이터로 간주되는 것에 대한 공격이 아니었다. 또한 데이터는 **통계 공개 제한**statistical disclosure control(국가 통계 기관에서 수십 년간 전문가 조언으로 정의된) 분야의 전문가에 의해 익명화된 것으로 간주되지 않았을 것이다. 통계 공개 제한 방법은 수십 년간 존재했지만 주로 국가 통계와 정부 데이터 공유에 적용되었다. 몇 가지 데모 공격과 얻을 수 있는 교훈을 살펴보자.

AOL 검색 질의

2006년 AOL의 한 팀은 657,000명의 가명 사용자가 약 2천만 건을 검색한 3개월간의 웹 검색을 공유하는 것이 자연어 처리(언어를 이해하기 위한 컴퓨터 과학 알고리즘을 개발하는 분야) 연구자들에게 가치가 있을 것이라고 생각했다. AOL은 데이터를 공개적으로 사용할 수 있게 했으며 뉴욕 타임즈 기자가 사용자 4417749를 확인하여 기사를 게시한 후 검색 데이터를 사이트에서 삭제했음에도 불구하고 여전히 전 세계 연구원들의 컴퓨터와 P2P 네트워크에서 찾을 수 있다.[12]

사용자 4417749의 검색어에는 '건강에 좋은 차', '손가락 마비', '손 떨림', '구강 건조', '독신 남성 60명', '모든 것에 소변을 보는 개', '조지아 주 릴번의 조경사', 그리고 '조지아주 귀넷 카운티의 쉐도우 레이크 구역에서 판매된 주택' 등이 있다. 마지막 두 검색어에 주목해보자. 지리 정보는 매우 명백한 방식으로 인구를 좁히는데, 이 경우에는 기자가 사용자의 이웃을 방문하여 일치하는 사람을 찾을 수 있게 한다. 이것이 검색어에서 델마Thelma를 찾은 방법이었다.[13]

게다가 다른 사람들은 검색 데이터에서 사람들의 신원을 확인할 수 있다고 주장했다. 많은 검색 쿼리에는 허영 검색(공개적으로 사용 가능한 항목을 보기 위해 자신을 검색하는 것) 또는 친구 및 이웃 검색, 집이나 직장과 관련된 지명 및 검색 데이터가 공개된 이후 거의 모든 사람들이 사용할 수 있는 기타 식별자를 기반으로 한 이름 형식의 식별 정보가 포함되어 있다. 물론 검색에는 사람들이 비공개로 유지될 것으로 예상되는 민감한 개인 정보도 포함되어 있다. 이는 익명 데이터를 공개적으로 공유하는 것과 관련된 위험의 좋은 예다.

---

12 마이클 바바로(Michael Barbaro)와 톰 젤러(Tom Zeller)의 「AOL 사용자 4417749의 얼굴이 노출됨」, 뉴욕 타임즈, 2006년 8월 9일. https://oreil.ly/CnIBY
13 AOL 검색 데이터 유출

넷플릭스 프라이즈

2006년에 넷플릭스는 구독자들의 과거 영화 등급을 기반으로 영화 등급을 예측하는 데이터 분석 대회를 열었다. 이론적으로 더 나은 알고리즘을 사용하여 넷플릭스 사용자에게 타깃팅된 영화 추천을 제공하여 사용자를 계속 사로잡고 서비스를 계속 이용하도록 할 수 있다. 이 대회는 거의 모든 사람이 참여할 수 있었고 참가자는 480,189명의 구독자가 17,770편의 영화에 대해 100,480,507개의 평점을 한 훈련셋을 받을 수 있었다. 훈련셋의 각 등급에는 구독자 이름의 가명, 영화 이름, 등급 날짜 및 등급이 포함되어 있다.

한 그룹의 연구자들이 일치 최적화를 시도하는 강력한 알고리즘을 사용하여 인터넷 영화 데이터베이스(IMDb)에 수십 개의 등급을 일치시킬 수 있는 방법을 보여주었다.[14] IMDb 서비스 약관에 의해 부과된 제한으로 인해 수십 개의 등급으로 제한되었다. 그들은 넷플릭스 사용자가 IMDb에서도 영화를 평가할 때 두 등급은 서로 매우 일치할 것이라고 가정했다. 연구원들은 넷플릭스 데이터셋의 구독자가 상위 500개 영화 이외의 소수의 등급과 대략적인 등급 날짜 (+/− 1주)를 기반으로 고유했으며 재식별을 위한 특히 강력한 두 후보를 발견했다고 주장했다. 연구원들은 공공 IMDb 영화 등급과 넷플릭스 영화 등급 간의 매칭을 기반으로 넷플릭스 데이터에서 시청 및 평가된 비공개 영화를 고려하여 이러한 재식별 후보자들의 정치적 성향 및 종교적 견해를 유추할 수 있다고 주장했다.

상대방이 이 수준의 세부 정보를 알고 대상이 샘플 데이터셋에 있는지 확인 여부는 논란의 여지가 있다. 그러나 이름과 중복 정보가 있는 적절한 데이터베이스를 고려할 때 개발된 알고리즘은 데이터셋을 일치시키는 데 효과적일 수 있다. 이것이 사실이라면 데모 공격만으로는 알기 어렵다. 그러나 지리 위치 지점이 연결되어 경로를 생성하는 이동성 추적의 경우 궤적의 75%가 5개 데이터 지점에서 고유하다는 것을 발견했음에도 불구하고 연구자들은 동일한 모집단의 중복 데이터를 고려할 때 일치 알고리즘이 약 20%의 정밀도를 갖는다는 것을 발견했다.[15]

주 입원 환자 데이터베이스

AOL과 넷플릭스의 예는 모두 사용자 이름을 가명으로 대체한 데이터셋을 포함했다. 이름이 제

---

14 결과는 아빈드 나레이야난(Arvind Narayanan)과 비탈리 슈마티코프(Vitaly Shmatikov)의 「대량 희소 데이터셋의 강력한 익명성 제거」에 설명되어 있다. 2008 IEEE 보안 및 개인 정보 보호에 관한 심포지엄 진행(2008): 111-125, https://oreil.ly/y0oec

15 자세한 내용은 왕환동(Huandong Wang) 등의 「이동 궤적의 익명화: 이론과 실천의 괴리 분석」을 참조하라. 제25회 네트워크 분산 시스템 보안 심포지엄(2018), https://oreil.ly/sq6NI

거되었을 뿐만 아니라 사용자의 생년월일이 나이로 대체되는 등 일부 정보가 일반화된 다른 예를 생각해보자. 이를 위해 연구 및 정책 분석을 위한 데이터베이스를 공유하는 의료비용 및 활용 프로젝트Healthcare Cost and Utilization Project, HCUP를 들여다보자. 2013년에는 2011년부터 워싱턴주의 입원 환자 데이터베이스State Inpatient Database, SID가 공개된 뉴스 보도를 이용한 데모 공격의 대상이 되었다. 개인 정보 보호 전문가들은 이러한 데이터베이스에 추가 보호가 필요하다고 경고했으며 데모 공격 이후 여러 가지 개선 사항이 도입되었다.

이 공격에서 팀은 워싱턴주에서 발생한 병원 접촉 기사를 찾기 위해 뉴스 기록 보관소를 검색했다. 그중 한 명은 토요일에 오토바이에서 튕겨져 링컨 병원에 입원한 소프 레이크 출신의 61세 남성 레이몬드도 포함되어 있다. 레이몬드는 공개적으로 이용 가능한 이 정보를 기반으로 SID에서 재식별되었으며, 데이터베이스가 종단적이었으므로 이 정보를 통해 그해 주에서 그의 다른 모든 병원 방문 기록을 알 수 있었다.

2011년 뉴스 기록 저장소에서 수집된 총 81건의 뉴스 보도에는 '병원 입원'이라는 단어가 포함되었고, SID에서는 648,384명의 입원 환자 중 35명이 환자가 고유하게 식별되었다.[16] 한편 81건의 뉴스 보도 중 35명의 입원에 대한 공개 보도가 있을 경우 심각한 위험 요소라고 주장할수 있다. 반면 648,384명의 입원 환자 중 35명은 데이터 공유를 통해 얻을 수 있는 혜택에 비해 매우 적은 수라고 주장할 수도 있다. 그럼에도 불구하고 공개 공유는 데모 공격의 위험을 고려할 때 어려운 일이지만 통제는 그러한 사고를 극적으로 예방할 수 있다. 그러나 더 중요한 것은 개인을 식별하는 데 잠재적으로 사용할 수 있는 정보에 대해 배우는 것과 이 정보가 식별 가능성을 적절하게 측정하는 데 어떻게 사용될 수 있는가 하는 것이다.

교훈

우리는 가능한 것possible과 가능성이 있는 것probable을 구별할 필요가 있다. 그렇지 않으면 길을 건너는데 비행기가 머리 위로 떨어질까(가능하지만 가능성은 없다) 노심초사하며 평생을 보낼 것이다. 데모 공격은 무엇이 가능한지 이해하는 것이 중요하지만 접근 권한이 있는 사람과 데이터로 수행할 수 있는 작업에 대한 제어가 없는 공공 데이터에 대한 매우 표적화된 공격을 제외하고는 항상 확장되거나 의미가 있는 것은 아니다. 이 책에서는 주로 비공개 데이터 공유와 해당 공유 맥락을 기반으로 식별 가능성을 평가하는 방법에 중점을 둔다.

---

16 결과는 라타냐 스위니(Latanya Sweeney)의 「당신, 당신의 의사, 그리고 다른 많은 사람이 알 수 있다」를 참조하라. 테크놀로지 사이언스, 2015년 9월 29일. https://oreil.ly/0DTiH

이러한 데모 공격에서 몇 가지 교훈을 도출해보겠다.

- 이름 및 기타 직접 식별 정보가 제거된 가명 데이터는 취약하다(그래서 개인 데이터로 간주된다).
- 공개적으로 공유된 데이터는 데모 공격의 위험에 노출되어 있는데, 이는 공격자가 공격 성공을 주장하는 데 한 번만 재식별하면 되기 때문에 가장 최악의 유형이다. 악명은 공격자들에게 그들의 결과를 발표하도록 이끄는 중요한 동기 부여자다.
- 계약상의 통제는 데모 공격 시도를 억제할 수 있지만(예: IMDb 서비스 약관) 모든 공격을 제거하는 데는 충분하지 않다. 추가 제어와 데이터 변환이 필요하다.

이러한 교훈을 염두에 두고 이제 재식별 공격과 적절한 익명화를 구성해야 하는 것을 구분할 수 있다. 규제 기관이 이 용어를 사용한다는 점에서 이전 예 중 어느 것도 익명화된 데이터는 없었다. 우리는 이제 익명화를 실천해야 하기 때문에 익명화에 대해 논의하기에 더 나은 위치에 있다.

1.4 실제 익명화

위험 기반이라는 용어는 이미 몇 번 사용했기 때문에 이 용어가 의미하는 바에 주목해보자. 위험 평가에는 위험이 있는 위치와 다양한 완화 전략의 영향을 보다 정확하게 이해하기 위해 신중한 위험 평가가 암시적으로 필요하다. 이를 통해 이러한 위험의 우선순위를 정하고 관리하는 방법에 대한 더 나은 결정을 내릴 수 있다. 또한 이 프로세스는 데이터 공유 목표를 달성하기 위해 반복 가능하고 객관적인 평가를 사용하여 운영 맥락에서 위험을 평가하는 것을 의미한다.

우리는 익명화에 대해 매우 과학적으로 접근한다. 접근 방식이 변화하는 위협 환경에 합리적으로 적응할 수 있도록 증명을 기반으로 하는 것 외에도 식별 가능성을 측정하는 방법과 독립적인 임곗값을 사용하여 통계적 허용오차를 결정하여 데이터가 식별 불가능하다는 합리적인 확신을 제공하는 데 사용된다. 데이터 공유 시나리오의 맥락을 평가하기 위한 위험 평가를 기반으로 식별 가능성 측정값을 임곗값과 비교하여 식별 가능성의 통계적 측정값이 미리 정의된 임곗값을 충족할 때까지 식별 정보를 얼마나 변환해야 하는지 결정한다. 다음 장에서 이 과정을 자세히 설명하지만 과정의 개요는 [그림 1-2]에서 볼 수 있다(반복적일 수 있음).

임곗값 자체는 셀 크기 규칙을 나타내는 기준점에서 도출된 확률로 데이터 집계에 포함되어야 하는 개별 기여의 최소수를 결정한다. 식별 가능한 범주의 항목이 그룹화되는 경우를 고려하라

(통계에서는 분할표 또는 교차표라고 함). 간단한 예는 셀 크기 규칙이 10(또는 1/10의 확률 임곗값)일 수 있는 연령 및 군^{county}이 있다. 이는 식별 정보에 한 연령대와 군에 최소 10명이 있어야 함을 의미한다. 따라서 30세 인구와 샤이어^{shire} 군을 집계하기 위해서는 샤이어에 30세인 사람이 10명 이상 있어야 한다. 식별 가능성에 대한 우리의 척도는 데이터 공유의 맥락과 데이터의 복잡성을 고려하여 이보다 더 복잡하지만 이는 우리가 의미하는 바를 개념적으로 이해할 수 있게 한다.

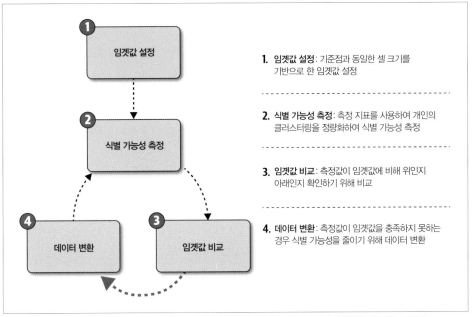

그림 1-2 식별 가능성을 정량적으로 평가하는 것은 반복적일 수 있으며 식별 데이터의 변환을 주도할 것이다.

이 벤치마크 접근 방식을 필요한 데이터 변환을 호출하는 고정 목록 기반 접근 방식과 비교해보자. 이 장 앞부분에서 언급한 HIPAA는 개인 정보 보호 규칙에 변환해야 하는 18개의 고정된 식별자 목록을 사용하는 세이프 하버$^{Safe\ Harbor}$로 알려진 방법을 포함한다.[17] 이 목록에는 이름 및 사회 보장 번호와 같이 삭제되어야 하는 많은 식별 정보가 포함되어 있다. 개인 수준의 날짜는 연도로 제한되어야 하며 또한 지리 정보의 정확성에도 제한을 두어야 한다. 문맥과 공유 데이터에 관계없이 동일한 접근 방식이 사용된다.

---

17 자세한 내용은 앞서 미국 보건복지부가 인용한 비식별화 지침을 참조한다.

HIPPA 세이프 하버 접근 방식의 유일한 장점은 희귀 질병과 같이 누군가를 식별하는 데 사용할 수 있는 데이터에 명백한 패턴이 없음을 입증하기 위한 '실제 지식 없음' 요건이다. 세이프 하버 접근 방식은 간단하지만 매우 강력한 개인 정보 보호 기능을 제공하지 않으며 연간 보고에만 유용하다. 또한 미국 인구 조사 정보를 사용하여 도출되었기 때문에 HIPAA에서만 적합하며 다른 관할 구역에는 이 특정 목록을 사용하는 규정이 없다.

익명화에 대한 또 다른 접근 방식에는 휴리스틱^{heuristic}이 포함된다. 이것은 특정 데이터 또는 상황에 따라 적용할 변환 및 고정 셀 크기 규칙과 같은 과거의 경험에서 파생된 경험의 법칙이다. 이들은 단순한 목록보다 더 복잡한 경향이 있으며 조건과 예외가 있다. 구매자는 조심하자. 악마는 세부 사항에 있고, 방어할 수 있는 증명이나 지표 없이는 휴리스틱을 정당화하기 어려울 수 있다. 휴리스틱은 이치에 맞는 주관적인 직감 검사를 제공할 수 있지만 규제 정밀 조사에 직면하면 불충분할 것이다.

위험 기반 접근법의 목적은 데이터가 충분히 보호되는 동시에 유용함을 보장하는 솔루션을 도출하는 확정성과 비례성을 갖춘 안내적인 의사 결정 접근법으로 주관적인 내부 검사를 대체하는 것이다. 이것이 우리가 위험 기반 익명화를 위험 관리 접근법으로 설명한 이유다. 그리고 반복 가능한 방식으로 위험을 줄일 수 있는 중요한 방법 중 하나는 [그림 1-3]과 같이 자동화를 이용하는 것이다.

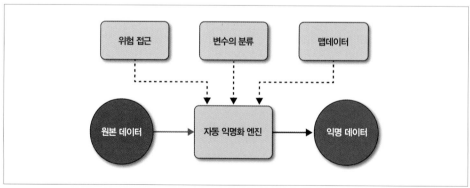

그림 1-3 자동화는 반복 가능한 과정 및 수행한 작업에 대한 감사 가능한 증명으로 것 체크(gut check, 내부 검사)를 대체하는 것을 의미한다.

일반적으로 자동화된 위험 관리 프로세스를 구축하면 다음에 해결해야 할 문제가 발생할 경우 수행한 작업에 대한 감사 가능한 증명과 함께 필요한 모든 정보를 누락 없이 캡처할 수 있다. 이 책은 특히 식별 가능성을 낮추고 익명화 파이프라인을 구축할 수 있는 기술 지원 프로세스를 위한 기회를 소개함으로써 자동화 영역을 찾는 데 도움이 될 것이다.

1.5 마치며

식별 가능성이 스펙트럼에 존재함을 인식하면 다양한 사용 사례에서 개인 정보 보호 및 데이터 보호 의무를 충족할 수 있는 기회가 생긴다. 익명화 파이프라인 구축은 식별에서 익명화까지 선형 경로가 아니다. 이 스펙트럼에는 여러 지점이 있으며 관련된 모든 당사자와 이해관계자의 요구를 충족하는 솔루션에 도달하기 위해 고려해야 할 많은 기준과 제약 조건이 있다. 특정 요구 사항을 충족하기 위해 데이터를 일회용으로 익명화하는 것이 가능하지만 이 책은 비즈니스 및 개인 정보 보호 요구를 염두에 두고 시스템을 설계하는 방법을 고려하는 훨씬 더 넓은 관점을 취한다.

이 책은 개인 정보 보호 법률 및 규정에 대한 책은 아니지만 개인 정보를 익명으로 만드는 것과 관련된 기본 사항들을 이해해야 한다. 이 장의 간략한 소개가 더 많은 것을 배우도록 영감을 줄 것이다.[18] 그러나 우리는 또한 이 책 전체에서 우려되는 점이나 혼란스러운 점을 강조할 것이다. 중요한 것은 익명화 파이프라인을 엔지니어링하기 위해 식별화, 가명화, 익명화라는 잘 정립된 세 가지 데이터 상태를 활용한다는 것이다.

익명화 실천에 대한 많은 우려가 있으므로 익명화는 개인 정보를 보호하는 것임을 기억하고 이러한 우려 사항을 이해하여 해결할 수 있도록 노력하는 것이 중요하다. 익명화된 데이터를 사용하는 목적을 보다 명확하게 함으로써 책임 있는 공유 및 사용을 보장할 수 있다. 많은 재식별이 보고된 반면 그러한 '데모' 공격은 데이터를 적절히 익명화하기 위해 일반적으로 허용되는 통계 또는 과학적 원칙과 방법을 사용하는 것의 중요성을 강조하는 역할을 할 뿐이다. 그리고 이 책은 식별 가능성 스펙트럼에 대해 더 깊이 이해한 후 다양한 활용 사례에 대한 데이터를 **적절하게** 익명화하는 전략과 실질적인 위험 관리 프레임워크를 제공할 것이다.

---

18 뉴스레터, 회의 및 강좌를 통해 개인 정보 보호 및 데이터 보호에 대해 자세히 알아볼 수 있는 훌륭한 자원(리소스)은 국제 개인 정보 보호 전문가 협회다. https://iapp.org

CHAPTER 2

식별 가능성 스펙트럼

식별 가능성을 스펙트럼으로 볼 때 한쪽 끝은 식별된 데이터를 나타내고 다른 쪽 끝은 익명 데이터를 나타내므로 데이터를 공유하고 책임감 있게 사용할 수 있는 다양한 옵션을 갖게 된다. 따라서 사용 사례 및 데이터 흐름에 따라 다양한 옵션을 개발할 수 있는 기회다.

이 장에서 식별 가능성 스펙트럼에 대해 자세히 알아보기 전에 데이터 공유와 관련된 몇 가지 질문과 우려 사항을 살펴보자. 법률적 해석에서부터 실질적인 고려 사항에 이르기까지 문제를 해결할 창의적인 방법을 찾기 위해 개인 정보 보호 측면을 이해할 필요가 있다. 우리 목표가 익명화를 이해하는 것이라면 통계적 관점에서 식별 가능성이 어떻게 고려되는지 이해할 필요가 있다. 3장에서 데이터 공유 자체의 맥락을 기반으로 위험 평가를 검토하기 전에 데이터의 식별 가능성을 어떻게 추정하는지 이해하는 것부터 시작하자. 식별 가능성에 대한 논의를 알려주는 법적 상황부터 이야기해보자.

2.1 법적 상황

이 책은 개인 정보 보호 또는 데이터 보호 법률 및 규정에 대한 책은 아니지만 익명화를 논의할 때는 최소한의 법적 상황을 고려해야 한다. 법적 해석은 주변 정책과 마찬가지로 변경되므로 이 책의 내용과 관련된 몇 가지 중요한 사항을 강조하는 것 외에는 이 주제에 대해 시간을 할애하지 않을 것이다. 식별 가능성의 개념은 입법 요구 사항의 적용 가능성을 결정하기 때문에 중요하다.

개인 정보 보호를 목적으로 하는 대부분의 법률과 규정은 어떤 식으로든 개인 정보를 식별 가능한 개인과 관련된 정보로 정의하고 있다. 식별 가능성을 결정하기 위해 정보가 단독으로 또는 다른 정보와 결합되어 어떻게 사용될 수 있는지 결정하기 위한 합리적 주장이 일반적으로 포함된다. 이를 통해 규제 기관은 데이터에 대한 접근이 증가하고 기술이 확실하게 발전할 수 있는 변화하는 환경에 적응하고 기술 중립성을 갖추기 위해 필요한 '재량권'을 제공한다. 오늘 합리적인 것이 내일은 덜 그럴 수 있으며 반대의 경우도 마찬가지다.

합리성은 매우 가능성이 없거나 심지어 불가능하거나 법으로 금지된 경우는 제외하고 무엇이 실용적이고 현실적인지에 기초하여 판단한다. 궁극적으로 개인 정보 보호 법률 및 규정은 잠재적 위협 및 취약성을 이해하기 위한 위험 평가를 포함하여 식별 가능성에 대한 합리적인 접근 방식을 지원한다. 어떤 시점에 처음 식별된 데이터를 얻는 것이 더 쉽다면 재식별하는 것은 비실용적일 뿐만 아니라 무의미해질 수 있다. 익명화는 재식별 시도를 억제하는 처리 비용을 초래한다.

따라서 식별 불가능한 정보는 개인과 합리적으로 연계될 수 없는 정보다. 이 장에서 살펴보겠지만 식별 가능성은 스펙트럼상에 존재하며 이를 효과적으로 완화하기 위해 데이터 주체에 제기되는 위험 측면에서 식별 가능성을 정의해야 한다. 학자들은 식별 가능성을 주관적으로 분류하려고 시도했으며 이 분류는 개인 데이터를 관리하는 데 사용할 수 있는 옵션의 범위를 고려하는 데 도움이 된다. 여기에는 두 가지 심각한 점이 있다.

- 식별된 데이터에는 데이터 주체 이름 등 직접 식별할 수 있는 정보나 사회 보장 번호와 같은 고유한 다른 정보 분야가 포함된다.
- 익명화된 데이터에는 직접적으로 식별되는 정보가 포함되지 않으며 간접적으로 식별되는 정보는 나머지 정보가 개인 신원과 충분히 분리될 수 있도록 충분히 변환될 것이다.

식별 가능성 스펙트럼과 변환 정도 및 기타 필요한 완화 요소를 결정하는 방법은 이 책의 논의의 많은 부분에서 초점을 맞추고 있다. 이 장과 다음 장에서는 주관성을 최소화하고 식별 가능성 측정을 통해 객관적인 지원을 제공하는 방법을 보여줄 것이다.

2.2 노출 위험

개인 정보 또는 기밀 정보가 노출될 수 있는 가능성은 기술적으로 **노출 위험**^{disclosure risk} 으로 알려져 있다. 다양한 유형의 변수를 사용하여 다양한 유형의 정보를 공개할 수 있지만 익명화의 핵심인 두 가지 변수부터 시작하겠다. 직접 식별자는 본질적으로 개인이나 가족을 고유하게 식별하기 위해 **단독으로** 사용할 수 있는 데이터이며, 간접(또는 그에 준하는) 식별자는 개인을 식별하기 위해 서로 **조합하여** 사용할 수 있는 데이터이다. 간접 식별자는 전산 공개 통제 문헌에서 준식별자^{quasi-identifier} 라고도 하며 통계적 공개 제어 문헌에서는 핵심 변수^{key variable} 라고도 한다. 모두 같은 의미다.

입법 언어에는 개인 데이터를 설명할 때 직접 및 간접 식별자(단독 또는 조합)가 모두 포함된다. 직접 식별자를 제거해도 데이터가 익명화되지 않는다. [그림 2-1]은 식별자의 몇 가지 예와 간접 식별자가 레코드를 일치시키는 방법을 보여준다.

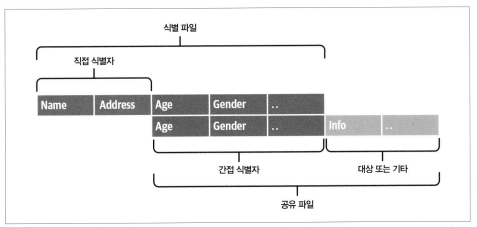

그림 2-1 식별된 데이터를 식별되지 않은 데이터에 연결한다. 직접 식별자는 식별된 데이터에 포함되는 반면 간접(또는 그에 준하는) 식별자는 식별되지 않은 데이터에 포함된다.

> **NOTE_** 식별 가능성 스펙트럼에 대해 논의할 때 우리는 간접적으로 데이터를 식별하는 데 주의를 기울일 것이다. 우리는 직접 식별되는 모든 데이터가 적절하게 마스킹되었다고 가정한다(즉, 필드 억제, 가명화 또는 무작위 가짜 데이터에 의해 제거됨). 그러나 마스킹된 직접 식별자는 데이터 소스 간에 연결하는 수단을 제공하여 많은 익명화 파이프라인에서 중요한 역할을 할 수 있으므로 이후 장에서 다시 살펴보도록 하겠다.

2.2.1 노출 유형

식별 가능성에 대해 알아보기 전에 먼저 통계 공개 통제 분야에서 정의된 세 가지 노출 위험을 살펴보자.[1] 이 책에서는 주로 한 가지 유형의 노출 위험에 초점을 맞추고 있지만 위험마다 다른 방법과 대응이 필요하기 때문에 모든 형태의 노출 위험을 이해하는 것이 중요하다.

신원 노출

재식별은 개인의 신원이 단독으로 또는 다른 정보와 결합하여 일부 데이터에 첨부될 수 있을 때 발생한다. 예를 들어 'Its Me'라는 이름은 Myplace 거주자에 대한 데이터 기록에 올바르게 첨부된다.

속성 노출

속성은 중요한 정보가 데이터의 개인 또는 그룹과 연관될 때 발생한다. 이는 신원 노출 여부에 관계없이 발생할 수 있다. 예를 들어 MyPlace의 주민들은 모두 초콜릿을 좋아한다.

추정 노출

추정은 데이터에서 개인이나 그룹에 대해 새로운 것을 다른 방법보다 더 정확하게 배울 수 있을 때 발생한다. 예를 들어 MyPlace의 일부 거주자는 케이크를 좋아하므로 모든 거주자가 초콜릿 케이크를 좋아할 것이라고 추정한다.

속성과 추정의 노출 차이는 미미하지만 속성 노출은 추정이 아니라 연관(추측 아님)에 관한 것이다. 따라서 속성 노출을 피하려는 경우 대부분 모집단의 모든 데이터 대신 데이터 표본 또는 표본 통계량을 공유할 수 있다. 또는 더 광범위한 모집단의 데이터 표본만 가지고 있는 경우에는 추정이라고 주장할 수 있으므로 속성은 더 이상 관심사가 아니다. 국가 통계 기관은 전체 인구를 대상으로 데이터를 수집하기 때문에 속성 노출을 우려하고 있는데, 민간 산업에서는 그렇지 않은 경우가 대부분이다.

---

[1] 이 주제에 대한 고전 도서로 조지 T. 던컨(George T. Duncan), 토마스 B. 제이빈(Thomas B. Jabine), 버지니아 A. 드 울프(Virginia A. De Wolf)의 『개인 정보와 공공 정책: 정부 통계의 기밀성과 접근성』(워싱턴 DC: National Academy Press, 1993)이 있다. https://oreil.ly/UHvV7

속성 노출은 기밀성 보호의 맥락에서 영향 평가를 통해 보다 일반적으로 고려된다. 속성은 확실하거나 거의 확실하기 때문에 기밀로 간주되는 정보를 노출시킬 수 있다. 속성은 그룹의 모든 사람 또는 아무도 그룹에 속하지 않을 때 분명하다. MyPlace에 사는 모든 사람이 초콜릿을 좋아하거나 MyPlace에 사는 어느 누구도 바닐라를 좋아하지 않는다. 맛을 소득 수준으로 대체하면 그 영향이 더 분명해진다. 영향 평가는 정보 공유(및 속성)의 이점이 잠재된 부정적 영향보다 큰지 여부를 고려한다.

추정 노출은 종종 노출 조절 기법을 개발하고 분석하는 맥락에서만 고려된다. 일반적으로 조직에서 개인 정보 공개를 추정과 동일시한다면 공유되는 데이터는 거의 없을 것이다. 이는 데이터 분석의 목적이 통찰력을 도출하거나 증거 기반 관행을 뒷받침하기 위해 추정을 하는 것이기 때문이다. 정확한 추정이 이루어지지 않으면 데이터를 공유하거나 통찰력을 도출하는 것은 가치가 없다.

이 책에서 우리의 초점은 대부분 식별 가능성의 주제에 있겠지만 속성과 추정 노출의 물속에 발을 적절하게(윤리 주제에 대한 심층 탐구와 같은) 담그고 있을 것이다. 그러나 궁극적으로 개인 정보 보호 법률 및 규정은 개인 데이터를 식별 가능한 것으로 정의한다(예: GDPR 및 HIPAA).

새로운 것 학습

속성 또는 추정은 본질적으로 데이터 주체에 대해 '새로운 것 학습'을 의미한다. 새로운 것을 학습하지 않고 재식별이 이루어진다면 실제로 개인 정보 문제는 없다. 하나는 식별되고 다른 하나는 식별되지 않는다는 점을 제외하고 동일한 두 데이터셋을 일치시킨다고 상상해보자. 기술적으로 이것은 신원 노출이지만 현실은 상대방이 이미 이용 가능한 모든 정보와 신원을 가지고 있으므로 재식별을 통해 얻을 수 있는 것은 없다. [그림 2-2]에 요약되어 있다.

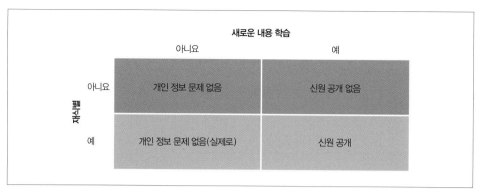

그림 2-2 신원 공개와 관련된 시나리오는 재식별이 있는지 여부와 노출을 통해 새로운 내용을 학습했는지 여부의 두 가지 차원에서 고려할 수 있다.

그렇다고 해서 직접 식별 정보를 제거하는 것이 데이터를 익명으로 호출하기에 충분하다는 뜻은 아니다. 우리는 그 결정을 내리는 데 필요한 요소를 잠시 후에 살펴볼 것이다. 그러나 요점은 더 이상 아무것도 없는 신원 공개는 단순히 문제가 되지 않기 때문에 실용적이라는 것이다. 궁극적으로 우리는 항상 데이터 수신자가 데이터 분석의 목적인 데이터를 학습하도록 의도한다. 무엇이 익명화인지, 익명화가 아닌지 명확히 하기 위해 데이터의 개인 정보에 대한 다양한 면을 고려할 수 있다.

2.2.2 데이터 개인 정보의 관점

데이터 개인 정보 및 데이터의 2차 사용에 대한 논의에서 많은 별개의 개념이 종종 혼동되거나 같은 것을 의미하는 것처럼 취급된다. 이 책에서 다루는 데이터 개인 정보의 4가지 관점은 연결 가능성, 주소 지정 가능성, 식별 가능성 및 추론이다.[2] 노출 위험과 관련된 식별 가능성과 추론은 이미 논의했으며, 연결성에 대해서는 논의하지 않았고, 주소 지정 가능성은 직접적인 속성의 한 형태다(우리가 설명한 바와 같이 이는 영향 평가를 사용하여 처리하는 전체 모집단 데이터에 대해서만 관련이 있기 때문에 논의하지 않을 것이다).

때로는 4가지 개념 모두 '비식별화' 또는 '익명화'라는 공통점으로 함께 묶이지만 실제로는 전혀 다른 것을 가리킨다. 책임 있는 데이터 사용을 허용하고 데이터 분석의 사회적, 비즈니스적

---

2 이러한 관점은 칼레드 엘 에맘의 「빅데이터의 개인 정보 관점에 대한 기록 바로 세우기」에서 처음 제시되었다. IAPP Privacy Tech(블로그), 2016년 6월 2일, https://oreil.ly/EVbMf

이점을 달성할 수 있는 정책과 솔루션을 마련하려면 이러한 개념을 명확하게 구분해야 한다.

우리는 이러한 개념 중 일부를 검토하고 그것들이 서로 독립적이므로 별도로 다루어져야 한다는 것을 보여줄 것이다. 이를 익명화와 관련하여 데이터 개인 정보의 관점이라고 한다. 분명히 말하면 이것들은 개인 정보와 관련된 유일한 관점은 아니다. 우리는 보다 정확한 정의와 분리가 도움이 되는 것에 초점을 맞출 것이다.

데이터 개인 정보의 4가지 관점을 관리하려면 익명화만 사용하는 것과는 다른 접근 방식이 필요하다. 단일 접근 방식으로는 책임 있는 데이터 사용 및 공개를 보장할 수 없다. 유용한 데이터를 생성할 기회를 놓치거나 중요한 위험을 무시하기 때문이다. 다음은 이러한 유형의 위험 관리에 대한 현재의 생각을 반영하는 제안이다. 개인 정보 위험이 관리된다는 신뢰할 수 있는 주장을 하려면 개인 정보 위험의 4가지 관점을 모두 적절하게 관리해야 한다.

연결 가능성

연결 가능성은 동일한 데이터 주체에 속하는 모든 이벤트 또는 레코드를 함께 연결하는 기능을 말한다. 예를 들어 동일한 환자의 모든 의료 기록이 동일한 가명 ID를 가지고 있는 경우 모두 함께 연결하여 그 개인의 종단 프로필을 구성할 수 있다. 개인은 식별할 수도 있고 식별하지 못할 수도 있다. 식별 가능성은 연결 가능성과 완전히 독립적이다. 그러나 일부 전문가는 익명화를 더 복잡하게 만들기 때문에 연결 가능성을 익명화 아래에 두고 있다.

> **CAUTION_** 연결 가능성을 익명성의 일부로 취급하면 트랜잭션 또는 종단적 기록이 익명화를 통해 보호되는 것을 금지하거나 최소한 억제할 수 있다. 이 접근 방식은 공개 데이터 또는 공공 데이터 공유의 맥락에서 어느 정도 정당성을 가질 수 있지만 익명화된 종단 데이터에 대한 포괄적인 금지는 보건 연구, 금융 서비스, 마케팅, 보험 및 교육과 같은 상당한 양의 연구와 분석에 매우 해로울 수 있다.

연결 가능성은 익명화를 더 복잡하게 만들지만 대부분의 경우 익명화를 달성할 수 있다. 종단 데이터의 공개(즉, 공개 데이터)는 공개의 제약 조건 내에서 이러한 종류의 세부 정보를 보호하기 어렵기 때문에 제한되어야 한다. 그러나 비공공 데이터의 경우 이러한 종류의 데이터를 공유하는 것은 적절하게 익명화될 수 있다. 데이터를 의도한 목적에 적절하게 사용하기 위해 데이터 변환 외에 다른 제어 기능을 갖춘 신뢰할 수 있는 분석가로 접근 권한을 제한하면 위험 요소가 줄어든다.

주소 지정 가능성

주소 지정 가능성은 특정 개인(반드시 '식별 가능한 개인'은 아님)을 대상으로 지정하거나 '주소를 지정'하기 위해 사용할 수 있는 가명을 가진 경우다. 예를 들어 가명을 직간접적으로 특정 개인 또는 개인의 기기를 대상으로 광고를 하는 데 사용할 수 있다. 개인의 신원을 모를 수 있지만 익명으로 그 개인에게 연락할 수 있다. 예를 들어 광고주가 가명과 광고를 ISP에 전송하면 ISP는 가명을 특정 장치 ID에 연결하고 해당 장치에 광고를 전송할 수 있다. ISP는 이미 소비자의 신원을 알고 있으며 광고주는 소비자의 신원을 결코 알 수 없다. 이 경우 가명은 주소를 지정할 수 있지만 광고주가 식별할 수는 없다.

대신 예를 들어 광고주가 ISP 자체인 경우 해당 개인의 신원을 확인할 수 있다. 다시 말해 주소 지정 가능성은 식별 가능성과 무관하다. 여러분은 전자적으로 누군가에게 연락할 수 있지만 그들의 신원을 결정할 능력이 없거나 그들의 신원을 알고 있기 때문에 신원을 확인하고 직접 주소를 지정할 수 있다.

여기서 핵심은 가명을 사용하여 '특정 개인'이나 '식별 가능한 개인'을 주소 지정 또는 대상으로 삼을 수 있는지 여부이다. 명시적인 동의나 최소한 어떤 형태의 의미 있는 통지가 없는 한 메커니즘은 주소 지정이 익명으로 수행되도록 보장해야 한다. 이는 워크플로에 대한 제어를 통해 달성할 수 있으며 그중 일부는 다음 장에서 살펴보겠다.

식별 가능성

식별 가능성은 식별 가능하거나 알려진 개인에게 이벤트 또는 기록을 높은 확률로 정확하게 할당할 수 있는 경우다. 이것은 우리가 이미 설명한 바와 같이 식별 가능성에 대한 전통적인 정의다. 오늘날 존재하는 익명화 표준은 일반적으로 신원 노출로부터 보호하는 특정 문제만 다룰 것이다.

레코드에 할당된 임의의 번호 집합(다른 레코드 없음)과 같이 식별 불가능, 주소 지정 불가능 그리고 연결 불가능한 가명을 사용할 수 있다. 또는 가명이 반복적으로 재생성되지만 가명이 모든 인스턴스를 사용하여 개인을 지정할 수 있는 경우 식별 불가, 연결 불가, 주소 지정 가능한 가명을 사용할 수 있다. 사실 모두 서로 독립적이기 때문에 지금까지 다룬 세 관점에 대해 8가지 가능한 시나리오 조합이 있을 수 있다.

익명화를 위한 모범 사례와 표준 및 인증 프로그램이 존재하며 이들을 따라야 한다. 이 책의 목적은 이러한 내용을 설명하는 것이며 필요할 때 참조할 수 있는 다른 중요한 자료를 언급한다.

추론

데이터 분석은 일종의 모델을 구축하는 것을 의미한다. 모델은 예를 들어 '고객의 80%가 여성입니다'와 같이 설명만 하는 것처럼 단순하거나 통계 및 머신러닝 방법을 사용하여 추론 또는 예측을 수행하는 등 더 복잡할 수 있다. 모델은 식별 가능한 데이터 또는 익명화된 데이터, 연결 가능한 데이터 또는 연결 불가능한 데이터, 주소 지정 가능한 데이터 또는 주소 지정 불가능한 데이터로부터 구축될 수 있다. 따라서 모델 구축은 위 세 관점과 무관하다.

일단 모델이 구축되면 특정 그룹의 개인에 대한 차별과 같이 좋은 목적 또는 바람직하지 않는 목적으로 사용될 수 있다. 예를 들어 특정 연령까지 암에 걸릴 가능성을 예측하는 모델은 고위험 커뮤니티에서 웰리스 프로그램을 도입하거나 고위험으로 간주되는 개인에 대한 은행 대출을 거절하는 데 사용할 수 있다. 따라서 바람직하지 않은 목적은 추론 자체가 아니라 데이터 사용의 기능이다. 이는 데이터 사용으로 인한 위험을 관리하기 위한 메커니즘을 도입해야 한다는 것을 의미한다.

일반적으로 데이터 사용에 대한 윤리적 검토를 수행해야 한다. 이에 대해 7장에서 더 자세히 다룰 것이다. 일부에서는 특정 유형의 데이터 사용을 법률이나 규정으로 금지하거나 제한해야 한다고 주장했다. 특히 데이터가 익명화된 경우 데이터 사용이 데이터 수집의 원래 의도와 호환되어야 하는 범위에 대한 질문이 생긴다. 단언컨대 원래 의도와의 호환성은 식별 가능한 데이터보다 익명화된 데이터의 경우 훨씬 약할 것이다. 그렇지 않을 경우 익명화와 같은 개인 정보 보호 메커니즘을 구현하기 위한 인센티브가 없을 것이다.

이러한 개인 정보 관점은 식별 가능성과 동일하지 않으므로 익명화 파이프라인 구축에 대한 별도의 고려 사항이 된다. 이런 점을 염두에 두면 데이터를 익명화하는 방법의 근원이 되는 재식별 과학을 더 잘 이해할 수 있게 된다. 즉, 재식별을 방지하는 방법을 이해하려면 데이터를 재식별하는 방법을 이해해야 한다.

2.3 재식별 과학

비식별화 및 익명화라는 용어는 컴퓨터 과학 분야에서 주로 소개된 비교적 최근의 용어다. 그러나 재식별을 방지하기 위해 간접 식별 정보와 간접 식별 정보의 외부 출처 간의 관계를 고려하는 통계적 노출 제어 방법론의 오랜 역사가 있다.[3] 식별 가능성이 스펙트럼에 존재하고 통계 분야는 확률적으로 작용하기 때문에 제로 위험 같은 것은 없다는 것이 이 분야에서 오랫동안 인식되어 왔다(일반적인 믿음과 달리 제로 확률 사건은 거의 일어나지 않을 것이 확실하지만 불가능하지는 않다…불가능은 없다는 것을 인정하도록 강요된 법정에서 증언대에 서 있는 과학자).

우리는 재식별을 단순히 데이터 주체라고 하는 데이터의 누군가와 이름을 연관시킬 수 있는 것으로 생각할 수 있다. 데이터 공유에서 데이터 주체를 성공적으로 재식별할 수 있게 하기 위해 풀 수 있는 많은 부분이 있다. 이는 식별 가능성을 측정하는 방법의 핵심이 될 것이다. 스포일러 경고! 그것은 데이터가 공유될 환경과 상황에 대한 평가와 데이터 자체에 대한 평가가 필요하다. 다음 장에서 리스크 평가에 필요한 요소를 검토할 수 있는 거버넌스 프레임워크 governance framework 를 도입할 때 이 부분을 강조할 것이다.

개념적으로 우리는 데이터에 있고 공격자가 사용할 수 있는 기능을 간접적으로 식별하는 것을 기반으로 '비슷하게 생긴 개인' 클러스터에 속한 사람이 몇 명인지에 대한 관점에서 데이터 식별 가능성을 고려할 것이다.[4] 이러한 '비슷하게 생긴 사람들'을 통계적 쌍둥이라고 부른다. 예를 들어 미스 오렌지 Miss Orange 에 대한 데이터셋을 보자. Miss Orange는 여성이고 오렌지색이라고 하자. 우리는 개체군의 모든 오렌지색 여성을 고려하여 식별 가능한 군집의 크기를 결정할 수 있다. 분명히 이것은 지나치게 단순화한 것이지만 이것이 이러한 아이디어가 처음 개발된 방법이다(통계적 노출 제어 분야의 집계 또는 표 형식 데이터).

[그림 2-3]을 예로 들어보자. 함께 묶을 수 있는 3명의 여성(오렌지색이지만 책에서는 흐린 회색으로 표시)이 있다. 이 데이터셋에는 이름이 없기 때문에 3개의 데이터 주체 중 하나에 무작위로 미스 오렌지라는 이름을 할당해야 한다. 이는 미스 오렌지라는 이름을 그녀에게 정확하게

---

3 이 주제에 대한 최근 설명은 티스 벤쇼프(Thijs Benschop)와 매튜 웰치(Matthew Welch)의 「마이크로 데이터에 대한 통계적 노출 제어: sdcMicro에 대한 이론 가이드」를 보라. SDC 실무 가이드(2019), https://oreil.ly/sNBYl

4 식별 가능성 개념과 관련된 개인 정보 지표에 대한 검토는 이사벨 와그너(Isabel Wagner)와 데이비드 에코프(David Eckhoff)의 「기술적 개인 정보 지표: 체계적인 조사」를 참조하라. ACM Computing Surveys(2018), https://oreil.ly/7aCCt

기록할 확률이 1/3이라는 것을 의미한다(하나는 미스 오렌지이지만 3개 모두 일치 가능). 물론 공격자는 데이터에 미스 오렌지라는 이름을 정확하게 일치시켰는지 알지 못하지만 이것은 이론적으로 식별 가능성 모델을 개발하는 출발점이다. 더 나아가 이 개념을 식별 가능한 모든 개인 클러스터에 적용할 수 있으며 정확한 일치 확률은 클러스터 크기보다 더 크다. 여기서 식별 가능성 스펙트럼을 수량화할 수 있다. 하지만 이 내용은 이 장 뒷부분에서 해당 지점으로 다시 돌아와 이야기할 것이다.

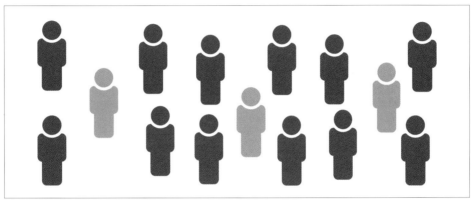

그림 2-3 미스 오렌지는 미스 오렌지처럼 보이는 3가지 데이터 주체 중 하나일 수 있다.

클러스터링은 데이터의 식별 가능성을 평가하는 방법의 시작점일 뿐이다. 이제 식별 가능성에 영향을 미치는 몇 가지 요소를 살펴보자.

2.3.1 정의된 모집단

우리는 식별 가능성을 클러스터 크기, 특히 모집단 내의 클러스터 측면에서 데이터 자체를 발생시킨 개인의 모집단에 중점을 두고 설명했다. 이 데이터는 해당 모집단의 표본 또는 부분 집합일 수 있다. 보다 공식적으로 **재식별 과학**re-identification science이 의미하는 바를 요약하기 위해 역학 정의 목적을 변경할 수 있다.

> **재식별 과학**
>
> 정의된 모집단에서 식별 가능성 조건의 분포(누가, 언제, 어디서) 패턴 및 결정 요인(또는 위험 요인)에 대한 연구 및 분석

우리가 관심 있는 집단은 데이터 주체를 재식별하는 상대방의 능력에 기여하는 집단이다. 데이터 주체가 60세 이상인 유럽 여성의 경우 정의된 모집단은 세 가지 식별 가능한 특성에 기반한다. 그러나 대부분의 데이터 관리자는 전체 모집단에 대한 데이터에 접근할 수 없다. 그러나 이 모집단은 식별 가능성을 측정하기 위해 정의될 것이다.

미스 오렌지가 있는 모집단의 예를 다시 살펴보자. 하지만 이번에는 [그림 2-4]와 같이 정의된 모집단의 표본을 고려한다. 표본에서는 데이터에 오렌지색 여성이 한 명뿐이므로 미스 오렌지와 일치하는 항목이 하나만 있는 것으로 보인다. 하지만 그렇게 되면 데이터 표본과 정의된 모집단을 혼동하게 된다. 요점은 상대방이 표본에 누가 있는지, 모집단에 누가 있는지 알 수 없다는 것이다.

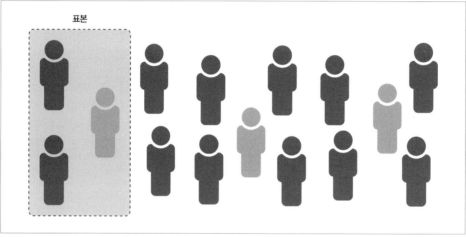

그림 2-4 표본에서 단 하나의 데이터 주체만 미스 오렌지처럼 보이지만 모집단에는 세 가지 일치 항목이 있을 수 있다. 식별 가능성은 모집단 수준에서 평가된다.

표본에서 미스 오렌지와 일치하는 데이터를 **표본 유일성**sample unique이라고 한다. 표본에는 미스 오렌지와 일치하는 데이터 주체가 하나만 있기 때문이다. 하지만 우리는 모집단에서 미스 오렌지와 일치하는 두 개의 다른 가능성이 있음을 알고 있다. 따라서 표본 고유 데이터일지라도 이 기록은 모집단에서는 고유하지 않으며 이를 **모집단 유일성**population unique이라고 한다.

CAUTION_ 이것이 우리가 강조해야 할 중요한 점이다. 표본 유일성은 실제로 모집단 수준에서 고려될 때까지 그 자체로 재식별 가능성을 나타내지 않기 때문에 통계적 추정의 출발점으로 간주될 수 있다. 모집단 유일성은 데이터의 진정한 취약점을 나타낸다. 공유 데이터에서 취약점이 발견되거나 악용될 가능성은 다음 장에서 다룰 별도의 고려 사항이다.

데이터 분석가는 종종 데이터 표본을 사용하여 작업하므로 식별 가능성을 정의된 모집단의 수준으로 추정해야 한다고 생각할 수 있다. 그렇지 않으면 모든 표본 유일성에는 식별 가능성이 1로 할당되기 때문에 식별 가능성은 과대평가되고 정의된 모집단에서 추정된 일치 항목을 고려하지 않기 때문에 다른 모든 클러스터는 과소평가될 것이다. 데이터 분석가는 데이터 수신자에게 가능한 한 가장 유용한 데이터를 제공하여 그들이 효과적으로 사용할 수 있도록 하고자 한다.

더 큰 모집단의 데이터 표본은 있지만 더 큰 모집단의 데이터가 없다면 이러한 데이터 주체의 군집을 추정해야 한다. 그러나 추정기는 데이터 표본에서 모집단 군집 크기를 유추하기 위해 존재한다. 통계적 노출 제어 분야는 이러한 추정치를 오랫동안 연구해왔으며 계속 연구하고 있다.[5] 표본 데이터만 사용하거나 평가해야 하는 정의된 모집단에 대해 통계의 도움을 받아 수행할 수 있다.

신용카드 메타데이터에 대한 데모 공격

앞서 몇 가지 데모 공격을 고려했지만 정의된 모집단의 맥락에서 설명할만한 또 다른 공격이 있다. 연구자들은 날짜, 장소 및 지불 금액을 포함한 금융 거래 표본에 대한 접근 권한이 부여되었다. 예를 들어 어떤 사람이 어느 날에는 좋아하는 가게에서 신발 한 켤레를 사고, 다른 날에는 현지 시장에서 식료품을 사고, 다른 날에는 특정 커피숍을 방문하여 각 거래에 대해 지불한 금액에 대한 기록을 남긴다. 연구자들은 이것을 이용하여 다양한 수준의 정확도로 일반화하여 재식별의 가능성을 입증했다.

연구원들은 데이터에서 90%의 사람들을 유일하게 만드는 데 단 4번의 처리만 필요하다고 주장했다. 그들은 데이터를 일반화하면 데이터의 고유성이 감소한다는 것을 인정했지만 더 많은 처리를 고려하면 데이터를 다시 고유하게 만들 수 있다고 주장했다. 그러나 연구원들은 훨씬 더 많은 인구의 표본에서 추출했음에도 불구하고 공유된 데이터에 대해 유일하다고 평가했다. 비록

---

5 우리는 통계적 노출 제어의 수학을 철저히 조사하지는 않겠지만 우리가 제공한 참고 문헌에서 자세히 살펴볼 수 있다.

이것이 더 많은 대중의 관심을 끌지는 못했지만 나중에 이 작업에 대해 논평한 전문가들은 이 점을 잊지 않았다.[6]

또한 언급할 가치가 있는 것은 이 장 끝에서 다루며 다음 장에서 더 자세히 설명할 것은 상황적 제어의 잠재적인 포함이다. 공격은 데이터가 보호되는 방법 및 일치하는 식별 데이터의 외부 소스를 고려하여 데이터가 사용되는 콘텍스트에서 평가되어야 한다. 1장의 넷플릭스 프라이즈 예에서도 보았듯이 이동성 추적과 관련하여 데이터 간의 불일치를 고려할 때 고유 항목에 대한 일치조차도 완벽하지 않을 수 있다.

요약하면 모집단은 상대방이 알 수 있는 정보를 기반으로 정의된다. 상대방이 데이터 주체가 특정 지역에서 왔다는 것을 알고 있다면 해당 지역은 모집단을 정의한다. 그러나 데이터셋에서 선택한 데이터 주체가 여성뿐인 경우 이는 상대방도 알 수 있으며, 이러한 경우 모집단은 특정 지역이 아니라 특정 지역의 여성으로 정의된다. 상대방이 알 수 있는 정보를 기반으로 모집단을 잘 정의해야 한다.

> **NOTE_** 따라서 재식별을 목적으로 정의된 모집단은 공통적이고 인지 가능한 특성을 공유하는 지리적 모집단의 데이터 주체 집단이다. 이러한 인지 가능한 특성은 지리적 모집단의 부분 집합에 사용되며 데이터 내에서 구별할 수 없고 식별 가능성을 결정하기 위한 '분모'로 이미 정의되어 있기 때문에 간접적으로 식별되는 것으로는 포함되지 않는다.

이제 공유할 데이터 표본과 일치하는 개별 후보자를 정의된 모집단에서 찾기 위해 상대방이 어떻게 재식별을 시도할지 고려해야 한다. 이것은 특정 뉘앙스를 포착하는 위협 모델$^{threat\ model}$을 정의하는 데 도움이 될 것이다.

2.3.2 매칭 방향

이것은 즉시 명백하지 않기 때문에 놀라움으로 다가올 수 있지만 상대방이 신원을 데이터와 일치시키려 하는 '방향'은 매치가 이루어질 확률을 변화시킬 것이다. 공격 방향이란 공격자가 (확인되지 않은) 표본으로 시작하여 모집단의 정확한 개인과 일치시키려고 하거나 또는 (확인된)

---

6 데이비드 산체스(David Sánchez), 세르히오 마르티네스(Sergio Martinez), 조셉 도밍고 페러(Josep Domingo-Ferrer)의 「쇼핑몰의 고유성에 대한 논평: 신용카드 메타데이터의 재식별 가능성에 대해」, Science 351, no. 6279 (2016): 1274, https://oreil.ly/Vm70u

모집단에서 시작하여 표본에 정확한 레코드와 일치시키려 하는 것을 의미한다. 수학적 정보는 다른 곳에서 찾을 수 있으므로 이에 대한 자세한 내용은 생략하겠다(숨 쉬세요!).[7] 그러나 앞에서 설명한 정의된 모집단과 같은 또 다른 고려 사항으로 이어지며 식별 가능성에 대한 완전한 그림을 위해 필요하다. 다시 말하지만 매칭 방향은 개념적으로만 설명할 것이다.

방금 설명한 것처럼 공격자가 데이터셋에서 개인을 재식별할 수 있는 두 가지 방향이 있다. 즉, '표본에서 모집단으로'와 '모집단에서 표본으로'다. 우리는 각각의 이면에 숨겨진 수학이 다름을 인식하면서 각각의 수학이 우리에게 식별 가능성의 모델을 구축하기 위한 일련의 가정을 제공하는 것을 하나씩 살펴볼 것이다.

표본에서 모집단으로(공용)

재식별은 [그림 2-5]와 같이 공유 표본의 식별 가능한 정보를 모집단에 다시 일치시킴으로써 수행될 수 있다.

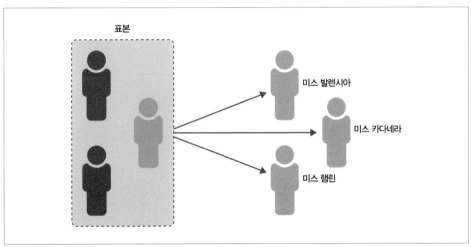

그림 2-5 표본 데이터 주체는 세 모집단 데이터 주체와 일치될 수 있다. 표본에서 모집단으로 재식별을 시도한다.

상대방이 합리적으로 유능하지만 전문 기술이 부족하고 범죄 활동이 전혀 없는 '동기 부여된

---

7 칼레드 엘 에맘의 『개인 건강 정보의 비식별화 가이드』(Boca Raton, FL: CRC Press, 2013)의 16장 참조. https://oreil.ly/xTMxg

침입자'라고 가정해보자.[8] 상대방은 공유 표본에 있는 누군가를 목표로 하고, 공유 데이터는 무작위 표본이기 때문에 누구를 대상으로 했는지 확신할 수 없다. 그러나 어떤 이유로든 대상 데이터 주체는 선택 기준을 충족하고 상대방은 이를 식별된 모집단 데이터(식별 데이터베이스)와 일치시키려 시도한다. 이를 위해 후자의 경우 어떤 식으로든 검색이 가능해야 한다.

예를 들어 공격자는 고유한(더 쉬운) 샘플을 가져와서 공개된 지리적 영역에 누가 살고 있는지 확인할 수 있다. 그들은 해당 지역에 대해 식별된 인구 데이터만 필요로 하며, 이는 쉽게 이용할 수 있는 정보를 수집하기 위해 온라인 또는 기타 공공 출처에서 검색하여 얻을 수 있다.

따라서 표본과 모집단을 일치시킬 때 상대방은 일반 대중이 사용할 수 있는 배경 지식을 가지고 있다고 가정한다. 이 정보는 연령, 성별, 인종적 기원, 거주지 또는 직장, 가정에서 사용되는 언어, 소득 수준 등을 포함한 인구통계 정보와 같이 온라인 및 공공 출처에서 쉽게 구할 수 있다. 따라서 정의된 모집단은 대중이 알 수 있는 것에 기반하여 데이터에 있는 개인의 알 수 있는 특성으로부터 결정되어야 한다.

모집단에서 표본으로(지인)

또는 [그림 2-6]과 같이 모집단의 식별 가능한 정보를 공유 표본에 다시 일치시켜 재식별을 수행할 수 있다.

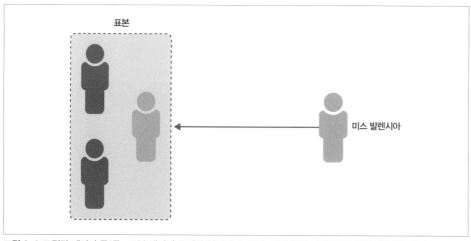

그림 2-6 모집단 데이터 주체는 표본 데이터 주체와 일치될 수 있다. 모집단에서 표본으로 재식별을 시도한다.

....
8 이러한 연습의 좋은 예는 재니스 브랜슨(Janice Branson) 등의 「EMA 정책 0070 및 보건 캐나다 규정에 익명화된 임상 연구 보고서의 재식별 위험 평가」다, Trials 21, 200 (2020), https://oreil.ly/zCYn5

이 경우 공격자는 모집단의 누군가를 목표로 하고 있으며, 모집단의 단일 데이터 주체에 대한 재식별이므로 더 이상 검색 가능한 식별 데이터베이스가 필요하지 않다. 이것은 그들이 알고 있는 누군가를 목표로 삼을 수 있다는 것을 의미하고, 이는 고려되는 많은 재식별에서 매우 가능성이 높은 시나리오이며 그들이 사용할 수 있는 식별 가능한 정보는 더 상세할 것이다.

모집단에서 공유 표본으로 일치시킬 때 상대방이 아는 사람과 일치시켜야 하기 때문에 지인의 배경 지식을 가지고 있다고 가정한다. 즉, 지인은 일반 대중이 사용할 수 있는 모든 정보뿐만 아니라 행사 날짜, 의료 진단 또는 입원 경력, 소비 습관, 휴일 및 휴가 등 보다 자세한 정보를 알 수 있다. 따라서 정의된 모집단은 지인이 알 수 있는 것을 바탕으로 데이터 내 개인의 알 수 있는 특성으로부터 결정된다(3.1.2절 '인력 안전'에서 상대방과 지인에 대해 전반적으로 더 자세히 설명할 것이다).

따라서 이미지에서 볼 수 있듯이 일반적으로 고려되는 개인의 수가 다르기 때문에 일치하는 방향은 식별 가능성의 척도에 영향을 미친다. 그리고 우리는 이것을 사용하여 다양한 공격 모델을 구축한다. 데이터에서 지인을 재식별하려는 상대방은 일반 대중을 재식별하려는 사람보다 더 많은 간접 식별자를 가지고 있다. 이 점을 고려해야 한다.

상대방이 데이터 주체를 재식별하려는 방법에 대한 복잡성을 파악한 후 식별 가능성 측정을 정의할 수 있도록 데이터 자체 구조에 주의를 기울인다. 데이터 구조의 변경은 식별 가능성에 대한 우리의 척도를 변화시킬 것이다.

2.3.3 데이터 구조

데이터 구조는 분석 목적에 중요한 데이터 속성, **상관 구조**^{correlation structure} 간의 특정 관계 및 연관성을 정의한다. 식별 가능성을 평가하는 방법에서 이렇게 정확한 상관관계 구조를 고려할 필요는 없지만 익명화 과정에서 식별 가능성에 영향을 미치지 않는 곳에서 이러한 상관 구조를 유지하고 높은 수준의 데이터 효용성을 위해 이러한 구조를 이해하는 것이 중요하다.

횡단면 데이터

우리는 단일 시점에서 여러 데이터 주체를 고려한다. 이를 통해 단일 시점에서 서로 다른 모집단 그룹을 비교하거나 여러 변수를 동시에 비교할 수 있다. 데이터는 주로 순서가 정해져 있지 않는 속성으로 구성되어 있지만 일부 속성은 식별 가능성을 측정하기 위한 목적으로 그룹 또는 트랜잭션^{transaction}(트랜잭션의 속성)에 속하는 것으로 표시될 수 있다.

다음은 횡단면 데이터의 몇 가지 예다.

- 특정 시점에 수집된 데이터 주체의 반응을 조사한다.
- 데이터 주체에 대한 연계 변수가 없는 병원 방문은 병원 방문이 서로 독립적이고 방문 자체가 분석 대상이다. 진단은 단일 열(트랜잭션 속성) 또는 고정된 수의 열(예: 가능한 각 진단에 대한 지표 변수)로 표시될 수 있다.

TIP 횡단면 데이터^{cross-sectional data}는 식별 가능성의 관점에서 합리적이라고 생각하는 것보다 더 많은 간접 식별자를 가질 수 있다. 상대방이 가지고 있는 정보의 양은 상대방의 힘이라고 한다. 예를 들어 상대방의 힘은 설문 조사 응답과 같은 비공개 간접 식별자에 사용되거나 1차 및 2차 정보 필드가 있는 경우에 사용될 수 있다. 이것을 '기능셋'이라고 설명할 수 있다. 따라서 우리는 식별 가능성에 대한 합리적인 측정값을 가져오기 위해 상대방의 힘을 적용할 기능셋이 있는 횡단면 데이터를 가질 수 있다.

시계열 데이터

여기서는 여러 시점의 단일 데이터 주체를 고려한다. 시계열 분석에서 반복 측정은 일반적으로 최소 50개 이상의 관측치 또는 계절 효과가 있는 경우 계절성(주간 또는 월간과 같은 정규 구간에서 발생하는 변동)의 2~6배 정도다. 단일 데이터 주체에 대한 추세 또는 결과의 정확한 예측을 지원하기 위한 충분한 반복 측정이 있다고 말하기에 충분하다. 시계열 데이터^{time-series data}는 트랜잭션 속성으로 표시된다.

다음은 시계열 데이터의 예다.

- 알츠하이머 환자의 지각 속도 점수는 환자가 얼마나 빨리 수치를 비교하거나 시각적 지각과 관련된 간단한 작업을 수행할 수 있는지 측정한다. 이 데이터를 이해하려면 시간 변수와 반복 측정에 대한 링크를 유지하는 것이 중요하다. 이는 분석(예: 시간에 따라 변하는 프로세스 모델링)에 사용될 (직렬) 상관 구조를 정의하기 때문이다.

TIP 시계열 데이터는 식별할 수 있는 추세 또는 주기적 패턴을 표시할 수 있다. 시계열 데이터의 익명화는 실용화 측면에서 대부분 새로운 것이지만 실질적인 수요가 많지 않아 현시점에서 개발 중이다. 그러나 사물 인터넷과 장치 데이터의 도입으로 관심이 증가할 것이다.

종단면 또는 패널 데이터

종단면 또는 패널 데이터 구조는 여러 시점에 여러 주체가 포함되며 시간이 지남에 따라 반복 측정으로도 설명된다. 이를 통해 그룹 및 개별 수준에서 정의된 모집단의 특성 변화나 발전을 감지할 수 있으며 그 범위로 인해 횡단면 데이터보다 인과 관계를 제안할 가능성이 더 높다.

다음은 종단 데이터의 예다.

- 여러 시점에서 수집된 설문 조사 데이터(예: 방문할 때마다 데이터 주체와 연결됨)
- 병원은 데이터 주체에 대한 연결 변수로 각 데이터 주체에 대한 방문을 연결한다.

시간 변수와 반복 측정과의 링크를 유지하는 것이 중요하다. 이는 분석에 사용될 상관 구조를 정의하기 때문이다(예: 혼합 효과 모델).

> **TIP** 종단면 데이터는 같은 날 또는 여러 날에 걸쳐 측정을 반복할 수 있다. 식별 가능한 것으로 간주되는 반복적인 조치와 관련 시간 변수를 독립적인 기능 집합(트랜잭션 속성)으로 처리하고 상대방의 힘의 개념을 적용할 수 있다(그렇지 않으면 재식별을 통해 새로운 것을 배울 수 없으므로 재식별을 시도하려는 대부분의 보상이 없어진다). 상관관계가 높은 기능셋은 가장 식별 가능한 기능(예: 정보 제공)만 통계적 추정을 하도록 그룹화될 수 있다.

다층(또는 계층) 데이터

앞의 모든 데이터 구조는 본질적으로 군집화, 중첩 또는 계층적일 수 있다. 그들은 심지어 이런 방식이 결합될 수도 있다.

다음은 다층 데이터의 예다.

- 여러 시설에 대해 한 시설을 방문할 때마다 데이터 주체에 대한 응답을 조사한다. 다층 모델은 응답자의 횡단면 측정값을 포함한 응답자 내에 중첩된 반복 응답과 응답의 횡단면 측정이 있는 시설을 포함한 시설 내에 중첩된 응답이다(응답 ⊂ 응답자 ⊂ 시설의 3단계 모델).

데이터셋은 중요한 관계와 연관성을 나타내기 때문에 가능한 한 식별 가능성의 관점에서 데이터셋의 다층 특성을 유지하는 것이 중요하다. 이전 데이터 구조에 대해 설명한 것과 동일한 고려 사항이 적용된다.

이것은 데이터의 관점에서만 식별 가능성을 측정하고 데이터가 구조화되는 방식과 관련된 일부 복잡성을 설명하는 정도다. 우리는 이미 추정기를 만들고 선택하는 데 필요한 수학 및 통계 관련 자료를 제공했다. 그러나 이 장을 마무리하기 전에 전체 식별 가능성 측정 방법을 간략하게 설명하겠다.

2.4 전반적인 식별 가능성

다음 장에서는 특정 데이터 공유 시나리오의 맥락에서 식별 가능성을 완전히 인식하고 평가하는 데 필요한 요소를 강조하는 프레임워크를 제공한다. 간단히 말해 식별 가능성 측면에서 설명한 것은 데이터에만 국한된 반면 전반적인 식별 가능성 수준을 고려할 필요가 있다. 그러나 개인 정보 보호 법률에 의해 설명된 합리성에는 데이터 외에 다른 요소가 포함되며 규제 기관 및 데이터 보호 당국의 지침은 본질적으로 상황에 따라 다르며 위험 평가를 기반으로 한다.

앞에서 언급했듯이 전체 식별 가능성 수준을 결정하려면 데이터가 공유될 환경 및 상황(전후 사정)에 대한 평가와 데이터 자체의 통계적 측정이 필요하다. 이것은 이 장의 시작 부분에서 설명한 개인 정보 보호 법률에서 찾을 수 있는 합리적 측면을 포착할 것이다. 식별 가능성의 전반적인 결정은 주관성을 줄이고 의사 결정 권한을 제공하기 위해 식별 가능성에 대한 통계적 측정을 사용하여 정보가 식별 불가능하다는 합리적인 필요한 증거를 정부 기관 및 규제 당국에 제공하기 위해 상세하고 증거에 기초하며 반복 가능해야 한다.

식별 가능성 수준은 [그림 2-7]에 요약된 것처럼 데이터와 데이터를 공유하는 콘텍스트^{context} 모두의 기능이다. 확률로 표현하면 식별 가능성의 전체 척도는 이 두 요소를 곱한 것이다. 우리는 식별 가능성에 대한 허용 가능한 전체 추정치, 즉 신뢰도가 높은 조직이 공유한 과거 데이터의 요인 평가를 나타내는 벤치마크를 기반으로 데이터가 식별 불가능하다는 합리적인 확신을 제공하는 데 사용되는 임곗값을 구성한다.

그림 2-7 전체적인 식별 가능성 수준은 데이터와 해당 데이터를 공유하는 콘텍스트 두 확률의 곱이다.

식별 가능성에 대한 전반적인 결정은 재식별이 정확한지 또는 그들이 수행한 재식별에 대한 확신을 검증할 수 있는 상대방의 능력을 고려해야 한다. 상대방이 ID가 올바르게 일치했음을 알 수 있는 방법이 없는 한 예상되는 재식별 횟수만으로 데이터에 무작위로 이름을 할당하는 것은 실용적이지도 유용하지도 않다. 이것은 기초적인 통계 모델이나 심지어 임곗값을 변경하지 않지만 더 현실적인 통계 추정을 제공함으로써 식별 가능성에 대한 우리 인식을 변화시킨다.

따라서 서로 다른 콘텍스트는 동일한 데이터에 대한 식별 가능성에 서로 다른 수준의 영향을 미칠 것이다. 우리는 이러한 변경 사항을 콘텍스트에서 활용하여 데이터가 수집 시점에서 사용 시점까지 다양한 수준의 식별 가능성을 갖는 익명화 파이프라인을 생성할 수 있다. 사용 사례와 데이터 흐름에 따라 데이터 파이프라인 전체에서 콘텍스트와 데이터를 모두 나누기 때문에 이는 이 책의 중요한 특징이 될 것이다.

2.5 마치며

개인을 식별할 수 있는 정보인 개인 정보에는 개인 정보 보호 법률 및 규정이 적용된다. 법적 관점에서 식별 가능성을 고려하는 방법은 ID가 데이터에 올바르게 연결될 수 있는 가능성에 대한 합리적 주장을 포함한다. 식별 가능성을 평가하는 과학적 접근 방식에는 식별된 데이터와 데이터 수신자와 공유할 익명화된 데이터 간의 거리를 측정하는 통계 모델을 포함한다.

다른 유형의 노출 위험이 있지만 우리는 주로 신원 노출에 초점을 맞추고 있다. 일부 다른 개인 정보 보호 개념, 특히 식별 가능성을 평가하기 더 복잡하게 만드는 개념이 평가를 단순화하기 위해 식별 가능성과 혼합될 위험이 있다. 연결 가능성, 주소 지정 가능성 및 추정은 그 자체로 중요하지만 식별 가능성과는 별개다. 개인 정보 보호 영향을 평가할 때 이러한 항목을 구분하는 것이 중요하다.

개념적으로 식별 가능성 스펙트럼은 유사하게 보이는 개인의 군집 크기에 기반한다. 군집이 클수록 군집에서 개인을 식별할 수 있는 가능성이 낮아진다. 하지만 이는 데이터가 덜 세분화되어 데이터의 유용성에 영향을 미칠 수 있음을 의미한다. 데이터의 군집 크기를 측정하는 모델은 데이터 구조에 따라 달라지므로 이러한 모델이 더 복잡해질 수 있다. 그러나 이러한 조치가 지나치게 제한적이지 않고 의미 있는 통찰력을 도출하는 데 유용한 데이터를 사용할 수 있도록 합리적인 가정을 할 수 있다.

식별 가능성의 범위를 실제로 적용할 수 있는 옵션의 범위로 고려할 것이다. 이 책에서는 환경 및 필요에 따라 다양한 수준의 데이터 변환이 가능한 데이터 파이프라인을 개발하기 위해 이러한 옵션을 적용하는 방법을 설명하는 예를 볼 것이다.

CHAPTER 3

실제적인 위험 관리 프레임워크

기술은 데이터 익명화를 가능하게 하는 중요한 요소지만 기술이 끝은 아니다. 기업 수준에서 효과적인 익명화 파이프라인을 구축하는 것은 기술만큼이나 거버넌스^{governance}에 관한 것이므로 이해관계자에게 신뢰를 제공하는 것을 목표로 한다.[1] 익명화 기술로 위험을 고려하는 것은 분석 결과에 영향을 미치는 적절한 수준의 익명화와 결과 데이터 효용성을 이루는 데 매우 중요하다.

결과를 극대화하기 위해 조직은 각 노출 콘텍스트와 관련하여 제어를 측정, 모니터링 및 보장하는 효율적인 방법을 가지고 있어야 한다. 조직은 광범위한 데이터 사용을 가능하게 하면서 전체적으로 식별 가능성을 관리할 수 있는 프레임워크를 구축해야 한다.

데이터를 익명화하는 데만 기술을 적용하면 전체 전략의 핵심 영역인 솔루션 이면에 있는 인력 및 의사 결정, 일관성을 부여하는 과정과 절차를 놓치게 된다. 이러한 요소가 없으면 거버넌스의 원칙인 책임성, 투명성 및 적용 가능성을 놓치게 된다. 그리고 결국 유용한 데이터는 줄어들게 된다.

익명화를 달성하는 데 사용되는 기술은 데이터가 공유하는 콘텍스트, 즉 작업 중인 정확한 데이터, 데이터를 공유하는 사람, 후속 분석의 목표와 분리할 수 없다. 이를 위험 기반 익명화$^{risk-based\ anonymization}$라고 한다. 주로 위험 기반 접근 방식인 파이브 세이프$^{Five\ Safes}$에 의한 정부 기관

---

[1] 데이터 관리의 기초에 대한 좋은 책은 모건 템플러(Morgan Templar)의 『Get Governed: 세계 수준의 데이터 거버넌스 프로그램 구축』(Rescue, CA: Ivory Lady Publishing, 2017)이다. https://oreil.ly/PKD0h

의 통계 데이터 공유에서 프레임워크가 등장했다. 우리는 이것이 더 넓은 환경에서 어떻게 운용될 수 있는지 보여줄 것이다.

3.1 익명화의 파이브 세이프

책임감 있는 데이터 공유를 위해서는 많은 요인에 대한 평가가 필요하며, 데이터 공유 옵션을 비교하기 위해서는 이러한 모든 요소를 객관적으로 고려해야 한다. 그래야 데이터 관리자들이 애초에 데이터 공유의 위험과 이점을 감안하여 특정 상황에 가장 적합한 옵션을 결정할 수 있다.

10년 이상 사용 후 인기를 얻은 프레임워크 중 하나는 파이브 세이프[2]로 건전한 의사 결정과 데이터 공유 시나리오의 콘텍스트와 결과를 평가하기 위한 것이다. 이러한 관점은 프로젝트 안전, 인력 안전, 환경 안전, 데이터 안전 및 결과물 안전이다. '안전'이라는 용어는 '얼마나 안전한가'와 같이 스펙트럼에서 다루어지므로 이러한 균형이 이루어질 수 있다.

> NOTE_ 파이브 세이프의 전체 전제는 주관적인 것으로 보일 수 있지만 통계적 추정을 통해 객관적인 지원을 받는 위험 평가의 아이디어에 기반을 두고 있다. 그런 다음 의사 결정을 내리기 위해 경험적 증거에 더 중점을 둔다.

파이브 세이프와 위험 기반 익명화를 비교해보자. 위험 기반 익명화는 상대방이 사용할 수 있는 외부 정보(재식별이 의도적인 것인지 여부)를 평가하고 상대방이 데이터를 재식별하기 위해 이를 결합할 수 있는 방법에 대한 평가가 필요하다. 위험 기반 방법론을 사용하여 데이터에서 개인 정보를 제거하려면 데이터가 공유될 환경 및 상황에 대한 평가(상대방이 사용할 수 있는 외부 정보를 파악하기 위해)와 데이터 자체에 대한 평가(상대방이 사용할 수 있는 외부 정보를 사용하여 데이터를 재식별하는 방법)를 해야 한다.

이를 염두에 두고 [그림 3-1]과 같이 위험 기반 익명화의 개념을 사용하여 파이브 세이프를 설명할 수 있다. 이 프레임워크의 목표는 가능한 한 많은 세부 사항을 유지하면서 데이터를 안전하게 사용하는 것이다. 이러한 이유로 프레임워크는 프로젝트 경계를 정의하는 것으로 시작하

---

2 플렉스 리치(Felix Ritchie)가 「파이브 세이프: 데이터 접근 솔루션의 프레임워크」(2017, London, 2017년 9월)에서 발표한 논문. 작성자가 직접 작성한 파이브 세이프의 요약본은 「파이브 세이프: 데이터 접근 솔루션 계획, 설계 및 평가를 위한 프레임워크」에 수록되어 있다. Data For Policy 2017, 런던(2017년 9월), https://oreil.ly/7he01

여 사람과 설정에 초점을 맞춘다. 이러한 방식으로 잔여 위험은 익명화, 즉 프로젝트 요구 사항을 충족하도록 데이터를 변환하고 우리가 할 수 있는 가장 높은 수준의 데이터 유용성을 유지할 수 있다. 그러나 해당 데이터(즉, 출력물)로 수행하는 작업은 여전히 몇 가지 우려 사항을 제기할 것이며 마지막 부분에서 이를 고려했다.

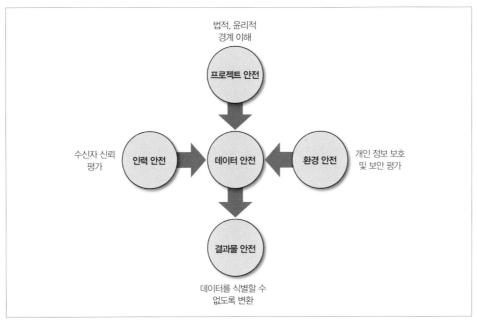

그림 3-1 위험 기반 익명화를 통해 운영되는 파이브 세이프를 사용한 전반적인 위험 노출

위험 기반 익명화를 통해 운영되는 파이브 세이프의 단계를 다음과 같이 요약할 수 있다.[3]

프로젝트 안전 Safe Project

데이터 공유 시나리오의 법적, 윤리적 경계는 무엇이며 개인 정보 보호 조치로 익명화가 필요한가?

인력 안전 Safe People

예상되는 데이터 수신자는 누구이며 데이터를 재식별할 동기와 능력은 무엇이며 데이터에서 누구를 알 수 있는가?

---

3 룩 아버클(Luk Arbuckle)과 플렉스 리치는 이 과정의 짧은 실습 기사 「위험 기반 익명화의 다섯 가지 안전」을 작성했다. IEEE Security & Privacy 17, No. 5 (2019년 10월): 84-89. https://oreil.ly/xi24Y

환경 안전Safe Setting

고의적인 재식별 시도를 방지 또는 데이터 침해를 방지하기 위한 기술적, 조직적 통제는 무엇인가?

데이터 안전Safe Data

데이터 환경의 사람과 설정을 고려할 때 식별 가능성의 수준은 어느 정도이며 데이터에 대한 어떤 위협을 관리해야 하는가?

결과물 안전Safe Output

의도된 목적 및 기타 목적으로 익명화된 데이터를 사용할 때 우려되는 점은 무엇이며 적절한 식별 가능성 임곗값은 무엇인가?

건강관리 과학자가 데이터에 접근하려 한다고 상상해보자. 일반적으로 우리는 건강 데이터의 사용이 공익을 제공할 것이며 따라서 지원되어야 한다고 생각할 수 있다. 그러나 건강 데이터는 개인의 대한 가장 민감한 데이터 중 하나일 수 있으며 생활 습관, 강한 감정을 유발시킬 수 있는 개인 사건, 당혹스러운 정보 또는 개인이기 때문에 비공개로 유지하고 싶은 항목이 드러날 수 있다. 데이터 주체에 대한 책임을 진지하게 받아들이면서 데이터의 안전한 사용을 보장해야 한다. 이 예를 염두에 두고 파이브 세이프를 자세히 살펴보자.

3.1.1 프로젝트 안전

건강관리 과학자는 데이터가 동일한 기관 내에 있을 수 있지만 다른 부서나 외부 조직을 통해 개인 데이터에 접근할 수 있는 방법을 모색하고 있다. 데이터의 의도된 사용은 의료 치료 또는 다른 방식으로 데이터 주체에 이익이 될 수도 있고, 보다 일반적이며 일반 대중에게도 잠재적 이익이 될 수도 있다. 데이터의 안전한 사용을 보장하기 위한 접근을 제공하고 시작 여부를 결정하기 전에 데이터 흐름과 1차 및 2차 목적의 평가를 통해 이러한 모든 고려 사항을 포착해야 한다.

데이터 흐름

식별 가능성을 평가하고 안전 프로젝트를 만드는 데 필요한 매개변수를 식별할 수 있도록 데이터의 흐름을 이해하고 법적 및 윤리적 경계와 의도된 목적을 인식하는 것이 중요하다.

- 수집된 데이터의 출처는 어디며, 누가 수집한 것이며, 이를 위한 법적/윤리적 근거
- 공유 데이터가 어디로 이동하고 있는지, 누가 접근하기 원하는지, 이를 위한 법적/윤리적 근거
- 데이터가 개인 정보로 간주되는지 여부와 법률 및 규정에 따라 익명화가 적용되는 방식

데이터 수집에서 전송 및 사용에 이르는 데이터 흐름을 이해하면 데이터가 사용되는 목적을 평가할 수 있다.

1차 및 2차 목적

데이터는 데이터 수집 시 의도한 대로 그리고 데이터 주체가 이해한 대로 사용될 때 1차 목적으로 사용된다. 원래 의도했던 것 이외의 다른 용도로 사용될 때 2차 목적으로 사용된다. 수집, 승인[4] 메커니즘 및 투명성에 대한 법적 맥락을 이해하는 것은 특히 2차 목적을 위한 데이터 공유의 적절한 메커니즘을 결정하는 데 중요하다.

- 데이터 관리자는 환자에게 진료를 제공하는 것과 같은 1차 목적으로 정보를 수집했을 수 있다.
- 또는 데이터 관리자가 후속 연구를 위해 당뇨병 환자 데이터베이스를 구축하는 것과 같은 2차 목적을 위해 명시적으로 정보를 수집했을 수 있다.
- 개인 정보는 허용되는 경우 한 명 이상의 데이터 관리자를 통해 간접적으로 제공될 수도 있다.
- 그 대신 데이터가 익명화되었다고 주장하는 다른 출처에서 나올 수 있다(개인 정보를 사용하거나 결합하기 전에 자체적으로 평가해야 할 수도 있음).

적절하게 익명화되면 데이터는 더 이상 개인 정보가 아니므로 개인 정보 보호 법률 및 규정의 적용을 받지 않지만 윤리적인 고려 사항은 계속 이루어져야 한다. 그러나 먼저 1차 또는 2차 목적을 결정하고 잠재적인 법적 요구 사항을 결정하기 위해 용도를 이해해야 한다.

- 데이터 관리자를 대신하는 대리인은 승인된 1차 목적(수행할 서비스 및 운영 경계를 정의하는 계약에 따라 지정)을 위해 개인 데이터를 사용할 수 있다.
- 관할 구역에 따라 대리인이 2차 목적으로 사용하는 정보를 익명화하기 위한 법적 요구 사항이나 그러한 사용을 위해 데이터 주체로부터 추가 승인을 받아야 하는 요구 사항이 없을 수 있다. 그러나 익명화가 권장되거나 바람직할 수 있다.
- 데이터 관리자는 부차적인 목적을 위해 내부 또는 외부 수신자와 공유하라는 요청을 받을 수도 있다. 개인 데이터의 공유는 필수 사항인 경우도 있지만 데이터 관리자의 재량일 수도 있다. 임의 공유의 조건은 다양하다.
- 법률에서 명시적으로 허용하지 않는 다른 형태의 데이터 공유는 데이터 주체로부터 승인을 받거나 개인 데이터를 익명으로 처리해야 한다.

....

4 '동의'가 아닌 '승인'이라는 단어를 사용했다. 동의는 매우 구체적인 조건과 해석이 있을 수 있기 때문이다.

1차 용도와 2차 용도 및 법적 요구 사항을 분리한 후에는 식별 불가능 또는 익명을 포함하여 필요한 식별 수준을 결정하기 위해 어떤 형태의 공유를 수행할지 결정해야 한다.

익명화 시기

2차 용도를 설명하는 경우에도 데이터를 익명화할 수 없는 상황이 있다. 하지만 우리가 개인 정보 보호를 위해 익명을 원하는 상황과 우리가 그것을 해야만 하는 상황도 있다. 이러한 상황을 4가지 시나리오로 나누어 데이터를 공유할 수 있는 방법과 익명화가 필요한 경우를 고려해야 한다.

필수 공유

데이터 주체의 승인이 필요하지 않으며 개인 식별 필요 가능성이 높기 때문에(예: 법 집행 목적) 데이터는 익명화가 필요하지 않다. 그러나 개인 정보 보호 문제로 인해 개인 정보가 상당히 적을 수 있다.

내부 공유

에이전트가 자신의 기능을 수행하기 위해 식별 가능한 형태의 데이터를 보유하는 것은 종종 불필요하며, 개인 정보 보호를 강화하고 잠재적 침해를 방지하기 위해 익명화가 필요하다.

허용된 공유

데이터 주체의 승인은 공공의 이익(예: 공중 보건)을 위해 데이터 관리자의 재량에 따라 선택할 수 있다. 그러나 데이터 관리자는 개인 및 공공의 신뢰 문제로 인해 개인 데이터를 공유하는 것을 꺼려하는데, 익명화로 이를 해결할 수 있다.

기타 공유

데이터 주체의 승인이 불가능하거나 실용적이지 않고 법률에 예외가 없는 경우 관리자는 데이터 수신자와 공유하기 전에 개인 데이터를 익명화해야 한다.

건강관리 과학자가 원하는 데이터 사용이 '기타 데이터 공유' 범주에 속한다고 가정하자. 허용된 공유 시나리오였더라도 데이터를 익명으로 처리하고 싶을 것이다. 그러나 법적 권한이 주어지면 식별 가능성에 대한 허용 범위가 더 높아져 더 세분화된 데이터가 공개될 것이다. 건강관리 과학자를 위해 데이터를 익명화할 것이기 때문에 익명화된 데이터에 대한 접근 권한이 누구에게 있는지 결정해야 한다. 이는 잠재적인 오용 위험에 영향을 미치기 때문이다.

3.1.2 인력 안전

요청한 데이터에 접근할 수 있는 사람은 건강관리 과학자만 있을 것 같지 않다. 데이터로 작업할 분석가와 기술자, 심지어 학생도 있을 수 있다. 우리는 데이터가 사용될 연구소와 누가 접근할 수 있고 어떤 상황에서 사용될 것인지 이해해야 한다.

기업 또는 직원이 의도적이든 아니든 데이터를 재식별할 수 있기 때문에 데이터 수신자는 콘텍스트 평가의 핵심이다. 의외일 수도 있지만 예상되는 수신자도 상대방으로 간주된다. 예상되는 수신자가 악의적이라는 의미는 아니다. 상대방은 위험을 내포하는 개체를 포착하기 위한 일반적인 용어다. 의도하지 않은 수신자도 고려해야 할 수 있으므로 가능한 모든 수신자에 대한 보다 완전한 그림이 보장된다.

상대방이 공유 데이터에 접근할 수 있고 재식별에 사용할 배경 지식이 있다고 가정하자. 그 배경 지식의 성격은 당신이 하고자 하는 가정에 달려 있다. [그림 3-2]는 우리가 고려하는 상대방의 유형에 대한 몇 가지 예를 제공하며, 각 상대방은 서로 다른 깊이의 지식을 가지고 있다.

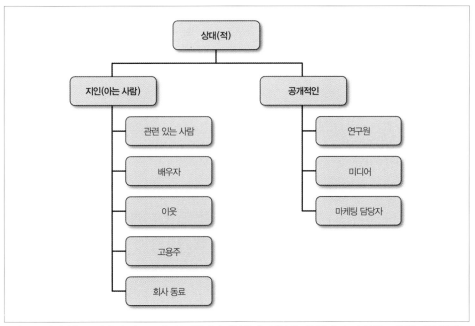

그림 3-2 상대방은 두 가지 범주(공공 정보를 사용하여 재식별하는 범주와 재식별에 더 깊이 있는 지식을 가진 범주)로 나눌 수 있다.

예를 들어 연구원, 미디어 또는 마케팅 담당자는 2.3.2절 '매칭 방향'에서 설명한 표본에 대한 모집단과 관련된 공개적으로 사용 가능한 정보를 사용하여 재식별한다. 반면 친척, 이웃 및 동료는 공개적으로 사용 가능한 정보(어쨌든 공공 정보이기 때문에)와 2.3.2절에서 설명한 표본에 대한 모집단과 관련된 지인으로 알려진 정보를 사용한다. 따라서 우리는 재식별 과학의 개념이 데이터 수신자에 대한 신뢰 수준을 결정하고 위협 모델의 기초를 형성하는 시나리오와 어떻게 관련되는지 보아야 한다.

수신자 신뢰

데이터 수신자가 데이터 재식별을 시도하지 않는 신뢰 수준을 수신자 신뢰$^{recipient\ trust}$라고 할 수 있다. [그림 3-2]의 잠재적인 상대방을 고려하여 재식별 시도의 가능성을 평가할 수 있다. 공유 데이터를 재식별하기 위한 예상 데이터 수신자의 동기와 능력을 고려하라. 데이터 관리자가 일종의 익명화를 거친 데이터를 공유한다고 가정한다.

수신자 신뢰를 측정할 때는 데이터 수신자의 동기와 능력을 모두 고려하는 것이 중요하다.

동기

데이터에서 개인을 재식별하려는 동기는 이해 상충 및 재식별을 통한 재정적 이득 가능성과 같은 문제를 고려한 의도적인 재식별을 의미한다.

능력

데이터에서 개인을 재식별하는 능력은 데이터 수신자가 데이터를 재식별할 수 있는 기술과 재정적 자원을 가지고 있는지 여부를 고려한다.

동기는 데이터 수신자와 시행 가능한 데이터 공유 계약 또는 계약을 체결하여 관리할 수 있다. 그러한 합의는 의도적인 재식별 시도의 가능성을 결정한다. 계약상의 의무는 매우 구체적인 조항을 포함해야 한다(그렇지 않으면 계약에서 데이터셋을 재식별하는 방법을 허용할 수 있음).

- 데이터 관리자의 허가 없이 재식별, 데이터셋에 있는 환자와 접촉 시도, 다른 데이터셋과 연결 금지
- 데이터 관리자가 계약 준수 여부를 확인하기 위해 현장 점검을 수행할 수 있도록 하는 감사 요구 사항 또는 정기적인 제3자 감사에 대한 요구 사항
- 다른 제3자와의 데이터 공유 금지(데이터 관리자가 데이터 보유자를 추적할 수 있도록 함) 또는 데이터가 나중에 공유되는 다른 당사자에게 위 제한을 전달해야 하는 요구 사항

건강관리 연구원이 이러한 조항 중 일부에 저항하는 것을 상상할 수 있다. 물론 데이터 관리자가 이러한 각 조항을 사용하는 것은 선택 사항이며 데이터 관리자가 위험 허용 범위를 기반으로 하고자 하는 사용 사례 및 거버넌스에 따라 결정된다. 예를 들어 다른 데이터셋과 연결 제한을 두지 않는 조직에 대해 자주 듣는다. 이는 식별된 데이터 또는 개인 데이터에 대한 연결이 없는 것과 같은 일부 작은 문자를 추가하거나 식별 가능성을 높일 수 있는 데이터를 사용하여 어느 정도 관리할 수 있다. 그러나 지인들이 공유 데이터에서 잠재적으로 인식되는 것을 막지는 않을 것이다.

지인

수신자 신뢰는 재식별 시도에 대한 것이지만 시도하지 않아도 여전히 위험이 따른다. 데이터 수신자는 데이터에 포함된 개인의 지인이기 때문에 개인 정보에 대한 사전 지식이 있을 수 있다([그림 3-2]의 잠재적인 문제 목록을 기억하자). 이것은 단순히 그들을 인식함으로써 무심코 또는 자발적으로 재식별하도록 이끌 수 있다. 사람들이 데이터로 작업하는 것이 얼마나 안전한지와 관련이 있기 때문에 식별 가능성을 평가할 때 고려해야 하는 요소다.

건강관리 과학자와 그들의 연구실에서 일하는 사람들은 그들이 속해 있거나 출신지 같은 지역의 데이터로 작업하는 경우에 완벽한 예를 제공한다. 지인에 대한 은밀한 정보를 알기 위해서는 데이터를 다루는 사람들이 일종의 친구가 되어야 한다. 따라서 우리는 상대방이 데이터에 의해 적용되는 정의된 모집단의 누군가를 알고 있을 확률을 모델에 통합할 수 있다.

VIP에 대한 더 많은 정보가 공개적으로 알려져 있기 때문에 일반적으로 VIP를 더 쉽게 식별할 수 있다(우리는 모두 그들의 지인이다!). 여기에는 종종 공공 영역에 있는 개인과 특히 공유 데이터에 포함될 수 있는 정보에 관한 작성에 관심이 있는 매체들이 포함된다. 일반적인 VIP는 정치인, 배우 및 예술가, 스포츠 유명인사들이다.

VIP의 재식별은 가능성이 낮은 사건처럼 보일 수 있지만 잠재적으로 표적이 될 가능성이 더 높다. 그러나 성공적인 재식별은 미디어의 관심 증가로 인해 대중의 신뢰에 더 큰 타격을 입힐 수 있다. VIP를 다루는 가장 쉬운 방법은 모든 데이터 주체에 대한 식별 가능성 추정치를 부풀리기보다는 공유 데이터에서 VIP를 제거하는 것이다. 즉, 지인이 알고 있는 식별자가 포함되어 있고 데이터가 샘플이면 계획된 데이터 변환으로도 충분할 수 있다.

데이터 수신자를 신뢰하는 것은 공유 데이터로 작업할 환경을 신뢰하는 것과는 다르다. 공유 데이터에 대한 통제가 책임 있는 사용 정도를 규제하고 데이터의 손실 또는 도난을 방지할 수 있는 방법을 고려하라.

3.1.3 환경 안전

건강관리 과학자의 데이터 환경, 즉 공유 데이터가 사용될 환경을 평가해야 한다. 조직 내에 들어가서 누구든지 데이터를 사용할 수 있다면 환경의 안정성이 떨어진다는 것을 알고 있으며, 이는 데이터 변환을 통해 고려해야 하는 상당한 잔여 위험을 남길 것이다. 반대로 더 안전한 환경은 건강관리 과학자와 그들의 팀을 위한 더 세분화된 데이터를 의미한다. 모든 데이터 현지화 제한 사항은 이미 프로젝트 안전에 반영되어 있다.

데이터 수신자의 보안 및 개인 정보 보호 관행은 데이터 수신자 사이트의 불량 직원이 공유 데이터를 재식별할 수 있는 가능성에 영향을 미친다. 강력한 완화 통제가 없는 한 불량 직원은 반드시 계약에 구속되지 않을 수 있다. 또한 외부인이 공유 데이터에 접근할 가능성을 결정한다.

> **NOTE_** 완화 통제에 대한 평가는 가능한 경우 ISO/IEC 27002를 포함한 기존의 전문가, 국제 및 정부 규정, 표준 및 정책에 매핑되는 상세하고 증거 기반이어야 한다.[5] 표준화된 접근 방식을 사용하면 데이터를 공유하는 단일 조직뿐만 아니라 HITRUST 비식별화 프레임워크^{HITRUST De-Identification Framework}와 같은 조직 전반에 걸쳐 일관성이 보장된다.[6]

개인 데이터를 처리하고 안전 설정 평가를 방어할 수 있도록 하기 위해 고려해야 할 몇 가지 완화 제어가 있다. 이러한 제어 장치는 가장 기본적인 형태로 간주된다. 그것들을 최소한의 기준으로만 생각하라! 이 요약은 매우 상세하기 때문에 이어지는 절에서 예상되는 내용만 맛보기로 제공하겠다.

개인 데이터의 접근, 공개, 보존 및 처리 제어

- 승인된 직원만 데이터에 접근할 수 있어야 하며 작업을 수행하는 데 필요할 경우에만 사용해야 한다.
- 협력업체 및 하청업체와 데이터 공유 계약을 체결해야 하며 모두 비공개 또는 기밀 유지 계약에 서명해야 한다.

---

5 ISO/IEC 27002, 「정보 보안 통제를 위한 실행 강령」(2013), https://oreil.ly/StVGF
6 전에 언급했지만 HITRUST 협회의 「HITRUST 비식별 네트워크」에서 다시 확인할 수 있다. https://oreil.ly/i6t4q

- 장기간 사용을 제한하고 위반에 대한 취약성을 줄이기 위해 데이터를 정기적으로 정리하는 데이터 보존 정책이 있어야 한다.
- 데이터가 공유되고 있는 관련 관할권을 벗어나는 경우 제3자에 대한 공개를 통제하기 위해 시행 가능한 데이터 공유 계약 및 정책이 있어야 한다.

개인 데이터 보호

- 불만 사항이나 사건에 대응하고 모든 직원이 개인 정보 보호, 기밀 유지 및 보안 교육을 받는 것이 중요하다.
- 직원은 이러한 정책 및 절차를 위반할 경우 징계를 받아야 하며 개인 정보 침해에 대해 검증된 프로토콜이 있어야 한다.
- 사고 조사에 사용할 수 있는 로그와 함께 인증 조치가 마련되어 있어야 한다.
- 데이터에 원격으로 접근할 수 있지만 해당 접근은 안전하게 기록되어야 한다.
- 기술적인 측면에서는 서버, 워크스테이션, 모바일 기기에서 악성 코드나 모바일 코드가 실행되는 것을 방지하기 위해 정기적으로 업데이트되는 프로그램이 있어야 하고 데이터가 안전하게 전송되어야 한다.
- 사진이 부착된 필수 신분증과 함께 컴퓨터와 파일에 대한 접근을 보호하기 위해 물리적 보안을 마련해야 한다.

개인 데이터 관리의 책임성과 투명성 보장

- 데이터의 개인 정보 보호, 기밀 유지 및 보안을 책임지는 선임 위치에 누군가가 있어야 하며 그 사람에게 연락할 수 있는 방법이 있어야 한다.
- 내부 또는 외부 감사 및 모니터링 메커니즘도 마련되어 있어야 한다.

위험 행렬

환경 안전에 대한 자세한 평가는 인력 안전에 대한 평가와 결합하여 [그림 3-3]과 같이 내부 상대방이 재식별을 시도할 가능성을 포착하기 위한 표준 위험 행렬을 생성할 수 있다. 이전에 위험 행렬을 본 적이 있다면 일반적으로 주관적인 항목(예: 낮음, 중간, 높음)을 포함한다. 그러나 위험 행렬의 항목은 전문가 확률로 알려져 있으며 이는 평판이 좋은 조직과 규제 또는 업계 지침의 과거 데이터 발표에서 도출된 것이다.[7]

낮음, 중간 및 높음의 주관적인 범주 대신 전문가 확률을 사용하면 항목을 데이터 자체의 식별 가능성 측정과 결합할 수 있다. 이는 데이터 안전에 대해 논의할 때 명시적으로 확립할 수 있다. 이는 연구원과 연구실 직원에게 재식별을 시도할 확률을 할당할 수 있음을 의미한다. 위험 행렬에서 알 수 있듯이 수신자를 더 많이 신뢰할 수 있고 개인 정보 보호 및 보안 설정이 강할

---

7 엘 에맘의 「개인 건강 정보 식별 해제 가이드」 18장 참조. https://oreil.ly/mlg_0

수록 데이터 재식별을 시도할 할당된 확률은 낮아진다. 이를 통해 우리는 이제 데이터가 얼마나 안전한지 고려할 수 있다.

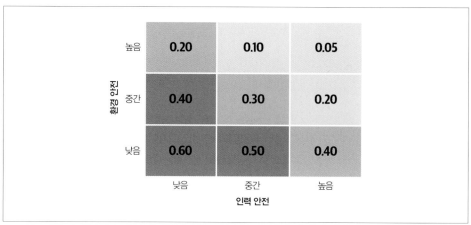

그림 3-3 위험 행렬은 의사 결정에 도움이 되는 위험과 이 경우 재식별 시도의 가능성을 시각적으로 보여준다.

3.1.4 데이터 안전

이 시점에서 우리는 건강관리 과학자의 데이터 환경을 평가하기 위해 기술 및 조직 모두에서 완화 제어를 포착하기 위한 모든 노력을 기울였다. 이제 데이터 변환을 통해 잔여 위험을 줄이는 일만 남았다.

인력 안전 및 환경 안전에 대한 평가는 상황에 대한 평가로 이어진다. **위협 모델링**threat modeling이라고 불리는 구조화된 접근 방식을 사용하여 콘텍스트를 평가하고 공격이 실현될지 여부를 평가할 수 있다. 정보 보안 및 위험 모델링에 사용되는 위협 소스의 모델링과 일관되게 데이터에 대해 세 가지 가능한 공격이 있다.[8]

고의적

데이터 수신자가 엔티티 또는 충분한 통제 부족으로 인한 불량 직원이며, 공유 데이터에서 개인을 재식별하려는 표적 시도. [그림 3-3]의 위험 행렬은 이 확률을 포착하는 데 사용된다.

---

8 예를 들어 ISO/IEC 27005:2018 「정보 보안 위험 관리」(2018), https://oreil.ly/AxU7r; NIST SP 800-30 「정보 기술 시스템에 대한 위험 관리 가이드」(2012), https://oreil.ly/b8LJb; CSE TRA-1 「조화 위협 및 위험 평가(TRA) 방법론」(2007), https://oreil.ly/dyNnD 참조

우발적(부주의)

예를 들어 수신자가 공유 데이터로 작업하는 동안 개인이 인식되는 것과 같이 부주의하거나 의도하지 않은 재식별. 이 확률은 정의된 모집단에서 지인이 한 명 이상 있을 확률로 추정할 수 있다.[9]

환경(위반)

모든 통제가 데이터 침해를 예방하지 못한 경우 데이터가 손실되거나 도난당할 수도 있다. 산업별 비율은 데이터 유출 가능성을 추정하는 수단을 제공한다.

안전한 데이터를 생성하려면 콘텍스트(공격 가능성)와 데이터(공격 발생 시 재식별 가능성)의 조합인 전반적인 식별 가능성을 평가해야 한다.[10] [그림 3-4]에 요약된 것처럼 이는 식별 가능성을 줄이는 데 필요한 데이터 변환을 유도하여 잔여 위험을 적절하게 관리할 수 있도록 한다. 그러나 이를 위해서는 식별 가능성 모델을 구축해야 한다.

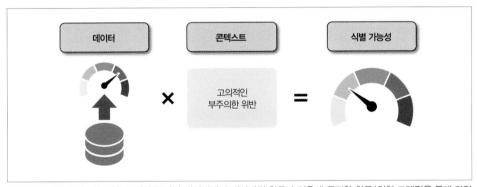

그림 3-4 전체 식별 가능성은 공격이 주어진 데이터에서 재식별될 확률과 처음에 공격할 확률(위협 모델링을 통해 결정됨)을 곱한 것이다.

---

9 평균적으로 사람은 던바 번호(Dunbar number)라고 하는 150명의 친구를 사귀는 경향이 있다. 데이터의 모집단을 정의하는 인지 가능한 특성의 유병률 ρ가 주어지면 모집단에 지인이 있을 확률은 $1-(1-\rho)^{150}$을 사용하여 간단한 방식으로 계산될 수 있다. 엘 에맘과 아버클의 『건강 데이터 익명화: 사례 연구 및 시작 방법』의 2장 참조

10 개념적으로 이 조건부 확률은 캐서린 마쉬(Catherine Marsh) 등의 『1991년 인구조사에서 얻은 익명화된 기록의 표본에 대한 사례』에서 처음 제시되었다. Royal Statistical Society: Series A (Statistics in Society) 154, no. 2(1991): 305-340 저널, https://oreil.ly/ZfDKB

식별 가능성 수량화

식별 가능성 추정에는 항상 통계적 방법이 필요하기 때문에 식별 가능성 추정 기술은 그럴듯한 재식별 공격 모델을 기반으로 하며 모델은 실제 세계에 대한 가정을 한다. 따라서 식별 가능성 추정은 항상 명시적으로 만들어야 하는 일련의 가정을 의미한다. 또한 식별 가능성 추정의 통계적 특성으로 인해 이러한 추정에도 불확실성이 있으며 이러한 불확실성을 고려해야 한다.

우리가 언급하는 식별 가능성 추정은 간접적으로 데이터를 식별하는 데 적용된다. 세부적인 메트릭metric을 도출할 수 있는 세 가지 유형의 공격을 관리해야 한다.[11]

검사 공격

검사prosecutor는 자신이 알고 있는 특정 인물에 대한 배경 정보를 가지고 있으며 이 배경 정보를 공유 데이터에서 일치하는 기록을 검색하는 데 사용한다.

언론인 공격

언론인(저널리스트)은 특정 개인이 더 큰 공개 데이터셋의 하위 집합인 공유 데이터에 있다는 사실을 알지 못하지만 데이터 내의 모든 사용자가 더 큰 공개 데이터셋에 존재한다는 것을 알고 있다.

마케터 공격

마케터는 기록 중 일부가 잘못 식별돼도 덜 염려한다. 여기서 공개는 데이터의 모든 사용자에 적용된다. 마케터의 공격으로 공개될 가능성은 검사나 언론인보다 항상 적기 때문에 종종 무시된다.

실제로 검사나 언론인 공격은 표적 공격을 나타내므로 고려되는 반면 마케터 공격은 평균이며 항상 낮은 확률이다. 검사 공격은 대상 개인이 공유 데이터에 있는 것으로 알려져 있을 때 고려되는 반면 언론인 공격은 대상 개인이 공유 데이터가 샘플에 불과한 더 큰 정의된 모집단에 있을 때 사용된다. 즉, 공유 데이터가 정의된 전체 모집단을 나타내는 경우 검사 공격에서 공개를 평가한다. 공유 데이터가 정의된 모집단의 샘플을 나타내는 경우 언론인 공격에서 공개를 추정한다.

---

11 엘 에맘의 「개인 건강 정보 식별 해제 가이드」 참조. https://oreil.ly/u0Vqf

모집단 등록부에 공유 데이터에 있는 것으로 알려진 개인에 대한 정보가 있는 경우 공격자는
가장 식별 가능한 데이터 주체를 표적으로 삼을 수 있다. 이 경우 이러한 공격(예: 공공 데이터
공유)을 방지하기 위한 제어 장치가 없을 때 모든 데이터 주체에 대해 식별 가능성 측정 기준
의 최댓값이 사용된다. 반면 그러한 공격을 방지하기 위한 제어 장치가 있지만 특정 개인에 대
한 정보를 찾으려고 하기 때문에 공격자가 식별 가능한 데이터 주체를 반드시 표적으로 삼지는
않을 경우 대상이 무작위이기 때문에 식별 가능성 지표는 모든 데이터 주체에 대해 평균화된다
(예: 개인 데이터 공유).

식별 가능성을 수량화할 수 있는 모델이 있으면 데이터에서 파생될 출력을 고려할 수 있다. 즉,
식별 가능성을 측정할 수 있으므로 출력이 얼마나 식별 가능해야 하는지 결정해야 한다.

3.1.5 결과물 안전

일단 우리가 데이터를 건강관리 과학자와 공유하면 그들이 모델과 통계를 생성할 것이라는 것
은 두말할 필요도 없다. 과학자와 팀은 데이터로부터 배우기 원한다. 문제는 그들이 무엇을 배
우고 싶어 하며 이 정보를 어떻게 사용할 것인가 하는 것이다. 우리는 프로젝트 안전에서 그들
의 목적을 포착했어야 했지만 그들은 우리가 주시해야 할 다른 용도를 찾을 가능성이 있다. 익
명화된 데이터 자체는 해당 의료 연구소의 결과물이지만 데이터로부터의 분석 결과 및 결정도
마찬가지다. 우리는 이러한 정보가 부적절하다고 생각되는 방식으로 공개되지 않도록 보장하
기 원한다.

건강관리 과학자가 데이터를 요청하면서 예방 접종률을 연구하고 싶다고 사전에 언급했다고
상상해보자. 익명의 데이터를 사용하여 과학자는 백신 접종이 부족한 모집단이 있음을 발견한
다. 과학자는 이제 이 정보를 가지고 표적화된 교육 캠페인을 시작하거나 학술지뿐만 아니라
지역 미디어에 게재할 수 있다.

---

[12] 엘 에맘과 아버클의 「건강 데이터 익명화: 사례 연구 및 시작 방법」

공교육은 칭찬할만해 보이지만 공개하면 해당 모집단이 수치심이나 편견을 통해 이상적이지 않은 방식으로 지역 사회의 다른 사람들의 표적이 될 수 있다. 연구 결과를 발표하기 위한 이러한 결정은 신중한 고려가 필요하다. 결과가 마케팅 목적과 같은 다른 방법으로도 사용되는지 여부는 말할 것도 없다. 프로젝트 안전을 정의할 때 이러한 사항을 최대한 많이 파악하고 싶지만 결과가 제공되고 이해되면 상황이 변한다는 점을 인식해야 한다.

궁극적으로 데이터가 식별 불가능하다는 합리적인 보증을 제공하는 데 사용되는 식별 가능성을 적절한 허용 수준으로 줄이는 데 필요한 데이터 변환의 정도는 임곗값에 대한 문제를 제기한다. [그림 3-5]에 표시된 다양한 옵션과 함께 익명화된 데이터를 공유하는 데 적절한 셀 크기가 얼마인지에 대해 수십 년을 거슬러 올라가는 많은 선례가 있다. 1.4절 '실제 익명화'에서 임곗값은 데이터의 집합에 포함되어야 하는 최소 개별 기여도 수를 결정하는 셀 크기의 규칙으로부터 도출된 확률임을 상기하라. 어떤 임곗값을 사용할지 결정하기 위해 데이터의 민감도와 데이터가 처음 수집되었을 때 적용되었던 승인 메커니즘을 나타내는 잠재적인 개인 정보 침해의 가능성을 살펴볼 수 있다.

개인 정보 침해

데이터 관리자는 주관적인 기준을 사용하여 잠재적인 개인 정보 침해를 결정하기 위한 식별 가능성 임곗값의 선택에 영향을 줄 수 있다. 개인 정보 침해가 높다고 판단되면 결정을 더 낮은 임곗값으로 변경해야 한다. 한편 개인 정보 침해 정도가 낮다고 판단되는 경우에는 더 높은 임곗값이 선택될 것이다. 다음은 개인 정보 침해 여부를 평가할 때 고려해야 할 몇 가지 질문이다.

- 공유 데이터를 분석함으로써 개인이나 사회에 어떤 합법적인 이득이 있는가?
- 데이터가 매우 상세하고 민감하며 본질적으로 개인 데이터인가?
- 데이터의 부적절한 처리로 인해 개인이 입을 수 있는 잠재적인 피해는 무엇인가?
- 데이터 공개에 대한 데이터 주체의 승인 타당성은 무엇인가?

적절하게 익명화된 데이터를 공유하기 위해 데이터 주체의 승인이 필요하지 않지만 데이터 공유는 승인을 구하지 않을 때와 비교하여 데이터 주체가 승인을 제공한 경우 개인 정보를 침해하는 것으로 간주되지 않는다. 실제로 익명화된 데이터 공유를 위해 존재할 수 있는 통지 및 승인 수준은 다음과 같다.

- 데이터 주체의 통지 또는 승인 없이 데이터의 공유 및 사용을 허용하는 법원 명령 또는 관련 법률 조항이 있다.
- 데이터는 요청되지 않았거나 데이터 주체가 무료로 또는 자발적으로 제공했으며 완전한 기밀로 유지될 것이라는 것은 거의 기대하지 않았다.
- 데이터 주체는 자신의 데이터가 원래 수집되었을 때나 그 이후 어느 시점에서 이러한 목적을 위해 공유 및 사용할 수 있음을 명시했다.
- 데이터 관리자는 데이터 공유 및 사용과 관련하여 잘 정의된 그룹 또는 커뮤니티와 협의했으며 긍정적인 응답을 받았다.
- 데이터 요청자의 목적을 위한 잠재적 공유 및 사용에 대해 대중에게 알리는 전략은 데이터가 수집된 시점 또는 그 이후에 시행되었다.
- 이 시점에서 데이터 주체의 승인을 얻는 것은 부적절하거나 비현실적이다.

개인 정보 침해를 평가하는 실제 결과는 가장 침입적인 시나리오(더 큰 평균 클러스터 또는 동등한 셀 크기가 필요하다는 의미)에서 적절한 확률 임곗값(셀 크기보다 1 크거나 식별할 수 없는 정의)이 더 낮아진다는 것이다. 이것은 [그림 3-5]에 나와 있다. 가장 침입적인 시나리오에서도 데이터 공유는 가능하지만 데이터 변환의 정도는 더 클 것이다.

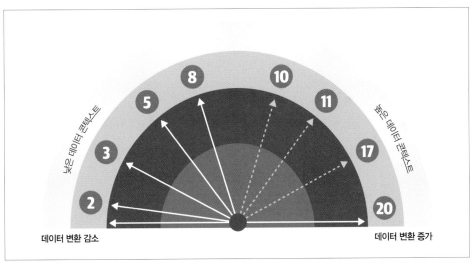

그림 3-5 식별 가능성을 평가하는 데 사용되는 확률 임곗값은 의도된 공유에 대한 최소 셀 크기보다 1 크다. 이 임곗값은 양적이며 방어 가능해야 한다. 이 다이어그램의 셀 크기는 과거 선례를 기반으로 한 벤치마크다.

이제 파이브 세이프가 무엇인지 이해했겠지만 좀 더 제대로 이해할 수 있도록 실제로 작동하는 방법에 대한 예를 제공하겠다.

3.2 파이브 세이프 연습

지금까지 제공된 정보를 위험 기반 식별 가능성에 대한 평가로 통합해보자. 건강관리 과학자를 예로 들겠지만 데이터 공유의 맥락에 대해서는 좀 더 구체적으로 설명하겠다.

프로젝트 안전

수집된 개인 데이터는 암 치료 및 효과에 대한 과학적 연구를 위해 데이터 자산을 활용하고자 하는 병원에서 가져온 것이다. 데이터는 2차 연구 목적으로 건강관리 과학자에게 제공되지만 사용이 적절한 것으로 간주되는지 확인하기 위해 윤리적 검토 후에만 제공된다. 데이터가 사용되는 환경은 병원 외부지만 동일한 관할권 내에 있다.

인력 안전

병원은 승인된 연구 기관의 확인된 연구원만 데이터에 접근할 수 있도록 했다. 일부 연구자는 분석가와 기술자, 심지어 학생도 데이터 작업에 참여하고 데이터에 대해 아는 사람이 있을 수 있다는 사실을 인식했다. 이러한 이유로 연구 기관과의 계약을 체결하여 감독이 이루어지도록 하고 데이터에 접근하는 모든 직원은 개인 정보 보호 교육을 받고 자신에게 위임된 데이터의 윤리적 사용에 관한 동의서에 서명해야 한다. 데이터를 재식별하려는 명백한 이유가 없어야 한다(즉, 낮은 동기 및 능력).

환경 안전

병원에서는 데이터를 널리 사용할 수 있도록 하고 싶지만 사례별로 데이터 환경을 평가할 수 있는 위치에 있지 않다. 오히려 위험 수준이 낮은 것으로 간주되는 경우에만 데이터를 공유하며 이를 표준 데이터 공유 계약에 명시할 예정이다. 이는 고정된 데이터 공유 콘텍스트를 가져오고, 관점에서 데이터 공유를 단순화하며, 연구 기관이 연구 과학자의 실험실 환경에 대한 책임을 지는 데 동의해야 한다.

데이터 안전

이전 정보를 통해 병원은 데이터가 저장되고 사용될 콘텍스트를 나타내는 그럴듯한 공격을 기반으로 데이터 공유 콘텍스트를 평가할 수 있는 위치에 있다.

- **고의적**

  이 경우 인력 안전은 재식별할 동기와 능력이 낮은 것으로 추정되어 왔다. 개인 정보 보호 및 보안 제어 수준이 높아지도록 환경 안전이 고정되어 있다. [그림 3-3]의 위험 행렬에 조합된 인력 안전과 환경 안전을 매핑하여 0.05의 전문가 확률을 제공한다.

- **우발적(부주의)**

인간에게 가장 만연한 질병은 유방암일 것이며, 유방암에 걸린 여성을 최소한 한 명이라도 알 확률은 약 0.70이다. 반면 훨씬 덜 흔한 구강암에 걸린 사람을 한 명 이상 알 확률은 약 0.054다. 이는 데이터에 지인이 있을 가능성이 암 유형에 따라 다를 수 있음을 의미한다. 그러나 보수적인 추정에서는 유방암이 가장 흔하고 지인을 포함할 가능성이 가장 높기 때문에 유방암을 사용할 것이다.

- **환경(위반)**

위반 비율은 개인 정보 및 보안 제어 수준에 따라 다르다. 미국 건강관리 분야의 이전 위반률은 강력한 통제에 대해 0.14로 보고되었으며 여기에서 이 실습에 사용할 수 있지만 위반률을 사용할 수 있는 산업 및 관할 구역을 기반으로 확인해야 한다.

결과물 안전

데이터 및 콘텍스트를 기반으로 데이터가 적절하게 변환되었는지 확인하려면 임곗값을 정의해야 한다. 건강 데이터는 본질적으로 민감하지만 암 데이터 자체는 학대, 성적 성향 등과 비교할 때 더 민감하지 않다. 벤치마크를 기반으로 적절한 셀 크기를 0.10(또는 1/10)의 확률 임곗값인 10으로 가정한다.

병원에서는 위 사항을 운영하기 위해 콘텍스트와 결합하여 데이터의 식별 가능성을 측정하여 데이터를 변환해야 하는 양을 결정한다. 구강암 데이터가 공유되고 있다고 가정하면 위 내용을 기반으로 위험의 주요 원인은 데이터 손실 또는 도난 위험과 함께 데이터 환경에서 발생한다. 즉, 콘텍스트 확률이 0.14이고 전체 임곗값이 0.10이므로 0.14 * 데이터 ≤ 0.10이 되도록 데이터를 변환해야 한다. 따라서 변환된 데이터는 평균 10 이상의 동등한 셀 크기를 가지며 이러한 데이터 공유 콘텍스트에서 식별할 수 없는 것으로 간주된다.

식별 가능성의 확률적 측정은 식별 가능성이 적절하게 관리되도록 보장하기 위해 콘텍스트 또는 데이터와 같이 데이터 공유의 어떤 측면을 수정해야 하는지에 대한 지침을 제공하여 의사 결정을 유도하는 도구다. 이러한 조치는 통계 공개 통제의 오랜 역사를 바탕으로 한다. 모델링은 유용하지만 이미 지적했듯이 모든 모델에는 주관성이 있다. 우리 목표는 모델을 방어할 수 있도록 하는 동시에 더 넓은 데이터 공유 콘텍스트를 파악하여 식별 가능성에 대한 그림이 완전하고 합리적임을 보장하는 것이다. 파이브 세이프는 (바라건대) 기억할만한 방식으로 이러한 콘텍스트를 포착할 수 있는 프레임워크를 제공한다.

3.3 마치며

많은 관할 구역에서 데이터가 식별 불가능하다는 것을 입증하는 것은 법적 또는 규제 요구 사항이다. 우리의 방법론은 방어 가능한 증거 기반 방식으로 이러한 요구 사항을 충족하기 위한 기반을 제공한다. 우리는 위험 기반 익명화를 사용하여 파이브 세이프 프레임워크를 운영하는 방법을 시연했다. 각 차원은 식별 가능성에 대한 전반적인 평가에 의해 통합되어 다른 차원과 독립적으로 평가된다. 이를 통해 다양한 시나리오가 데이터의 유용성에 미치는 영향을 감안할 때 콘텍스트 기반의 책임 있는 데이터 공유 시나리오를 평가할 수 있다.

분석 결과는 제공된 서비스, 정책 및 투자 결정을 알리는 데 중요하기 때문에 익명 데이터를 사용하는 사람들에게 데이터 유틸리티는 중요하다. 또한 데이터 접근 비용이 만만치 않기 때문에 수신된 데이터의 품질을 보장하는 것이 중요하다. 우리는 고품질 데이터를 수집하는 데 시간과 돈을 낭비하고 싶지 않지만 단지 데이터를 2차적으로 사용하기 위해 준비하는 익명화 관행을 통해 품질이 저하되는 것을 지켜봐야 한다.

익명화가 데이터 유틸리티에 미치는 영향은 중요하며 콘텍스트 기반이다. 모든 이해관계자는 데이터 유틸리티 또는 개인 정보 보호와 같이 자신에게 가장 중요한 것에 대한 정보를 제공해야 한다. 관련된 모든 사람의 요구 사항을 균형 있게 조정하는 것은 쉽지 않지만 시작하는 데 실제로 필요한 것은 열린 의사 소통과 식별할 수 없는 유용한 데이터 생성에 대한 약속이다. 그것은 쉬운 협상이 아니며 반복적일 수도 있지만 그 중요성을 과소평가할 수 없다. 이상적으로는 파이브 세이프를 중심으로 대화의 틀을 구성하는 것이 가장 중요한 요점을 명확히 하는 데 도움이 되어야 한다.

데이터 공유의 맥락을 포착하기 위한 과학적 측면과 실용적인 위험 관리 프레임워크 모두에서 식별 가능성의 개념을 사용하여 익명화 파이프라인 구축에 관심을 돌릴 수 있다. 이를 위해 다음 장에서는 식별된 데이터로 시작하고 중요한 사항을 강조하는 데 도움이 되는 파이브 세이프를 사용하여 개인 정보 및 데이터 보호의 많은 중요한 개념을 소개할 것이다.

CHAPTER 4

식별된 데이터

사람의 이름, 주소 및 기타 고유 식별자를 사용하여 식별된 데이터로 작업하는 업무를 하고 있다면 해당 데이터를 보호할 수 있는 도구가 준비되어 있어야 한다. 식별된 데이터로 작업할 생각이라면 많은 표준과 학습이 필요하다. 우리는 이 모든 것을 다루지는 않을 것이다. 이 책의 초점이 아니기 때문이다. 지난 장에서 논의한 위험 기반 익명화의 파이브 세이프는 위험을 관리하기 위해 파고들어야 할 상황적 요소를 제공했으며 이 경우 식별된 데이터 수집의 시작점부터 제공한다.

식별 가능한 데이터로 작업할 때 개인 정보 보호 엔지니어링 영역에 속하는 고려 사항인 몇 가지 전략적 개인 정보 보호 고려 사항을 제공하고자 한다.[1] 개인 정보 보호는 일반적으로 개인 정보 보호 법률 및 규정에서 핵심적인 역할을 하기 때문에 식별 가능성이 중요한 역할을 하는 것은 당연하다. 탐색할 다른 고려 사항이 있으며 몇 가지 기본 도구를 제공하고 이 도구가 서로 상호 작용하는 방식을 살펴보자. 이러한 정보를 알고 있는 것만으로도 개인 데이터를 처리할 시스템을 설계하거나(설계에 의한 개인 정보 보호) 개인 정보 보호를 더 쉽게 하기 위한 시스템을 업데이트하는 데 도움이 될 수 있다.

많은 조직에서 익명화는 식별된 데이터의 자체 저장소에서 시작된다. 이것을 식별된 데이터에서 익명화된 데이터로 내보내는 것이라고 생각해보자(가명화를 통해 우회하는 방식이지만 다른 장에서 이를 유지함). 이러한 데이터 공유는 같은 조직 내의 다른 부서 또는 완전히 다른 조

---

[1] 개인 정보 보호 엔지니어링은 개인 정보 목표와 개인 정보 위험 평가를 구현 요구 사항에 통합하는 데 중점을 둔 시스템 엔지니어링이며, 여기에서 위험이 0이라는 것은 위험이 없다는 것을 의미한다.

직과 이루어질 수 있다. 이 장에서는 이러한 문제를 살펴보겠다. 이것은 일반적인 개인 정보 보호 공학에서 좀 더 구체적으로 익명화에 이르기까지 자연스럽게 진행되어야 한다.

4.1 요구 사항 수집

모든 공학 프로젝트와 마찬가지로 우리는 요구 사항 수집으로 시작하지만 특정 콘텍스트에서 개인 정보 관련 요구 사항 수집이 시작된다. 여기에는 사용 사례, 데이터 흐름 및 데이터 사용, 데이터 및 데이터 주체의 세 가지 광범위한 범주가 주로 포함된다. 이 세 가지 범주를 평가하면 개인 정보 보호 관점에서 원하는 것과 필요한 것을 찾는 데 도움이 되며 일련의 탐색 질문을 사용하여 이러한 욕구와 필요의 세부 사항을 더 잘 이해할 수 있다. 이러한 모든 질문을 묻고 답할 필요는 없지만 개인 정보 보호 관련 요구 사항을 수집하고 개인 정보 보호 목표를 정의하기 위해 이해해야 하는 기준을 형성할 수 있다.

> **TIP** 요구 사항 공학으로 처리할 많은 개인 정보 보호 고려 사항은 일반적으로 **개인 정보 영향 평가** 또는 위험 평가 프로세스에 의해 동기가 부여될 수 있다. 설계 주기가 끝날 때 종종 수행되지만 이러한 평가에서 발견된 기준은 개인 정보 보호 설계에 대한 보다 세분화된 기대치로 설계에 반영되어야 한다. 이러한 방식으로 승인된 표준 및 프레임워크를 활용하여 설계 프로세스에 정보를 제공한다.

이 작업을 마치 우리가 실제로 시스템을 설계하는 것처럼(처음부터 새로 만들거나 새로 설치하는 것처럼) 수행해보자. 그것은 우리의 설계일 수도 있고, 다른 사람의 것일 수도 있다. 우리는 프로젝트 정의 단계에서 필요한 만큼 세부 사항을 포착하는 단계를 통해 작업하기 원한다. 시스템 설계와 개발에 대해 깊이 파고들지 않을 것이며 구현은 다른 책에 맡길 것이다. 일부 측면은 확실히 개인 정보 보호 정책 또는 법적 분석이 필요하지만 전 세계의 모든 개인 정보 보호 법률 및 규정 또는 변화하는 개인 정보 환경을 설명할 수는 없으며 이 중 일부는 구현 단계에서 중요하다고 생각한다.

4.1.1 사용 사례

사용 사례의 경우 개인 정보 보호 문제와 가능한 솔루션을 포괄할 수 있도록 시스템이 사용되는 방식을 이해하려 한다. 시스템이 어떻게 사용될 것인지 이해하기 위해서는 사용 사례를 평가하는 것이 중요하다. 따라서 여기에서 요구 사항을 수집하기 시작하는 경우가 가장 많다. 공학 프로젝트의 개념 정의라고 생각할 수 있는 3.1.1절 '프로젝트 안전'에서 설명한 목적 사양에 대한 논의를 다시 생각해보면 우리는 어떤 종류의 시스템을 구상하고 있는지에 대한 일반적인 생각을 가지고 있어야 한다. 그러나 이 단계에서는 시스템과의 상호 작용을 이해하여 개인 정보 보호를 적용할 수 있는 위치를 결정하고자 하기 때문에 더 자세히 살펴볼 필요가 있다.

개인 정보 보호 공학 분야의 사용 사례 분석은 시스템이 원하는 수준의 신뢰성을 입증하기 위해 노력해야 하는 세 가지 주요 목표(공정한 정보 관행 원칙)에 초점을 맞출 수 있다.[2]

예측 가능

시스템이 어떻게 작동할지 예측할 수 있어야 한다. 이는 상호 작용 및 결과가 예상되도록 하여 책임 요구 사항을 충족함을 의미한다. 이는 목적 지정 및 사용 제한을 통해 달성할 수 있으며 데이터 주체에 제공되거나 승인을 요청하는 통지 형식과 투명성 정도를 통해 데이터에 어떤 일이 발생할지 예측할 수 있다.

관리 가능

모두 시스템은 수집에서 내부 처리 및 내보내기에 이르기까지 개인 데이터가 처리되는 방식에 대한 제어를 해야 한다. 시스템을 관리할 수 있는 정도는 정의된 사용 사례에서 데이터를 처리하는 관리 단위에 따라 결정된다. 이는 개인 데이터의 변경, 삭제 또는 선택적 공개를 지원함으로써 달성할 수 있다(원하는 경우 개별 제어를 통합할 수 있음).

분리됨

시스템에서 지원하는 다양한 사용 사례에는 다양한 수준의 식별 가능성과 데이터 최소화가 필요하다. 데이터 주체와의 직접적인 상호 작용에는 이름 또는 기타 직접 식별 정보가 필요하지만 다른 사용 사례에서는 토큰이나 가명으로 대체될 수 있다. 분석 처리를 위해 비식별 가능성(익명화) 데이터가 될 정도로 식별 가능성이 더 감소될 수 있다.

[그림 4-1]에 요약된 이러한 목표의 목적은 측정 가능한 제어를 통해 개인 정보 보호 법률 및 규정에 명시되어 있는지 여부에 관계없이 보다 자세한 개인 정보 보호 원칙의 요구 사항을 충족시키는 것이다. 개인 정보 보호 공학의 기본 사항을 이해하는 데 도움이 되도록 위 목표를 제

---

2 이러한 목표는 션 W. 부룩스(Sean W. Brooks) 등의 「연방 정보 시스템의 개인 정보 보호 공학 및 위험 관리 소개」에서 찾을 수 있다. NIST Interagency/Internal Report(NISTIR)-8062 (2017), https://oreil.ly/bM0kS

공한다. 그러나 이러한 원칙(개인 또는 그룹을 데이터에서 분리하는 것) 중 하나는 식별 가능성이다! 우리가 말했듯이 이것은 개인 정보 보호의 핵심 요소다. 예측 가능하고 관리 가능한 시스템의 목표는 더 광범위하지만 데이터 주체를 데이터에서 분리하는 목표를 지원하는 것으로 볼 수도 있다.

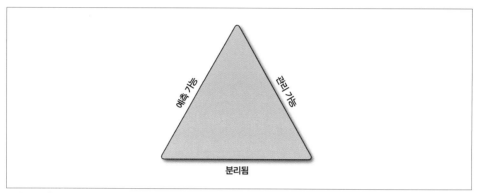

그림 4-1 측정 가능한 제어를 구현하는 우리 목표는 개인 정보 보호 공학 삼원칙으로 요약할 수 있다.

물론 이 정보로는 대화를 유도하고 개인 정보 보호 요구 사항을 설명하기에 충분하지 않기 때문에 일련의 '사용 사례를 이해하기 위한 조사 질문' 목록을 제공한다. 더 좋은 건 이러한 기회를 시스템에 개인 정보를 통합할 수 있는 기회로 생각할 수 있다는 것이다. 설계 및 개발 단계의 시작 또는 종료 단계에 있거나 개인 정보 보호 및 신뢰 고려 사항을 고려하여 시스템을 다시 방문하는 경우에도 이러한 질문은 개인 정보를 운영의 최전선으로 가져오기 위해 시스템을 성공적으로 운영하는 데 필요한 핵심 사항을 파악하는 데 도움이 될 수 있다.

사용 사례를 이해하기 위한 조사 질문

- 사용자와 지원 시스템 간의 상호 작용(업무/시스템 사용 사례)은 무엇인가?

    - 1차 및 2차 행위자는 누구인가?

    - 사용 사례가 발생하기 전에 전제 조건이 있는가? 보장된 결과는 무엇이며 사용 사례의 트리거는 무엇인가?

    - 사용 사례 다이어그램을 제공한다(가능한 경우 대략적인 계획 초안도).

- 개인 정보 처리가 **예측 가능하도록**(따라서 책임 요구 사항을 충족하도록) 사용 사례/데이터 흐름을 뒷받침하는 가정은 무엇인가?

  - 목적 명세 및 사용 제한은?

  - 데이터 주체에 어떤 형태의 통지를 제공하거나 승인을 받아야 하는가(즉, 투명성 정도)?

- 개인 정보를 **관리할 수 있게** 하려면 사용 사례/데이터 흐름에서 어느 정도의 제어가 필요한가 (즉, 관리의 세분성)?

  - 개인 정보의 변경, 삭제 또는 선택적 공개를 지원하는 메커니즘이 있는가?

  - 요람에서 무덤까지 데이터의 단계를 정의하고 자동화하는 데이터 수명 주기 관리 계획이 있는가?

- 사용 사례/데이터 흐름에 운영상 필요한 식별 가능한 정보는 무엇인가? 즉, 데이터를 개인 또는 그룹과 분리할 수 있는가?

  - 직접 식별자를 토큰이나 가명으로 대체할 수 있는가? 공개 식별 가능성을 기반으로 데이터 주체를 선택하는 기능을 제거하면서 되돌릴 수 없는 키를 사용할 수 있는가? 아니면 개인 데이터를 익명화해야 하는가?

  - 사용 사례 및 요구 사항에 따라 신원 또는 관련 활동의 공개를 피하기 위해 최소화할 수 있는 다른 데이터 속성이 있는가?

  - 어떤 기술적 및 관리적(조직적) 통제(예: 개인 데이터의 접근, 공개, 보유 및 처분, 개인 데이터 보호, 개인 데이터 관리의 책임 및 투명성 보장)가 있는가?

개인 정보 보호 공학의 목표는 각각 개인 정보 보호를 강화하는 데 어떤 식으로든 기여해야 하지만 그것이 전부는 아니다. 요점은 [그림 4-2]에 표시된 것처럼 사용 사례에 의해 주도되는 목표 간의 균형을 찾는 것이다. 이 예에서는 데이터가 데이터 주체와 크게 분리되어 있음에도 불구하고 예측 가능해야 할 필요성이 더 적고 관리 가능한 데이터에 대한 필요성이 더 많은 적절한 균형이 발견되었다. 이것이 바로 필요와 요구 사항을 파악하는 데 사용 사례 분석이 중요한 이유다.

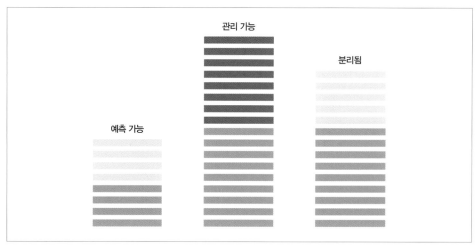

그림 4-2 개인 정보 보호 공학 목표를 달성하는 것은 사용 사례에서 식별된 필요와 필요에 따라 균형을 유지하는 작업이다.

사용 사례가 내부적으로 사용되는 보고서를 집계하는 것이라고 가정해보자. 본질적으로 이러한 보고서는 데이터가 정보 요약에 불과하기 때문에 사용이 제한적이다. 집계된 정보는 데이터 주체와 충분히 분리되어 있으므로 이러한 집계 보고서를 사용하는 시스템이 잘못 사용될 가능성이 거의 없기 때문에 목적과 사용 제한을 명시하여 예측할 필요가 없다. 그러나 집계 정보는 적은 집계 수를 피하는 것과 같은 특정 규칙이 없는 한(직접 또는 정보의 중첩을 통해) 원치 않는 공개를 초래할 수 있다. 따라서 이 정보를 사용하는 시스템을 관리할 수 있는지 확인해야 할 필요가 있다.

4.1.2 데이터 흐름

좀 더 깊이 있는 대화를 진행하기 위해 데이터 흐름에 대해 자세히 논의할 필요가 있다. 특히 식별 가능성과 관련된 데이터 공유 시나리오를 식별할 목적으로 3.1.1절 '프로젝트 안전'에서 데이터 흐름에 대한 검토를 제안했다. 데이터 흐름은 실제로 사용 사례 분석의 연속이다. 프로젝트 안전에 대한 논의에서 우리는 주로 시스템의 기준과 제약에 관심이 있었지만 지금은 법적, 윤리적 경계에 관심이 있다. 법적 관점에서 뿐만 아니라 적절한 공유 메커니즘을 설계하기 위해 서로 다른 공유 시나리오의 가능성을 계획해야 한다.

필수 공유

법 집행 기관이나 공중 보건 공무원이 데이터에 대한 접근 또는 사본을 요구할 경우 어떻게 제공할 것인가? 또한 데이터 주체 자신이 개인 데이터에 접근하여 이에 대해 수집된 내용을 파악하고 수정 또는 수정 권한을 부여하도록 요구하는 개인 정보 보호 법률 및 규정이 있다. 접근은 광범위하게 해석될 수 있으며 반드시 데이터 주체가 시스템에 직접 들어가서 변경할 수 있음을 의미하지는 않는다. 이는 비실용적이고 경우에 따라 피해를 줄 수도 있다. 데이터 주체는 데이터 이동성이라는 명목으로 자신에 대한 데이터 복사본을 가져올 권리가 있다. 이러한 경우 데이터를 식별해야 한다.

내부 공유

계획 또는 개발된 사용 사례에는 다양한 형태의 내부 접근이 필요할 수 있으며 복사본을 조직의 다른 부서나 단위로 전송해야 할 수도 있다. 여기서 우리는 식별 가능한 데이터의 공유가 데이터 주체와의 상호 작용을 지원하는 1차 목적 또는 개인 정보 보호 법률 및 규정이 허용하는 2차 목적으로 허용된다고 가정한다. 우리는 누가 접근 권한을 갖고 어떤 목적으로 공유가 허용되는지 확인해야 하며 사용 사례 분석에 설명된 명시된 수준의 식별 가능성이 실제로 필요한지 또는 개인 정보와 신뢰에 대한 우려를 고려할 때 더 높은 수준의 분리가 허용될 수 있는지 알아야 한다.

허용된 공유

단지 허용된다고 해서 식별 가능한 데이터를 공유하려는 것은 아니다. 2차 목적으로 제3자와 공유하는 경우 데이터 주체가 제3자의 접근에 놀라거나 화를 내지 않을지 자문해보자. 이는 제3자, 문화적 규범, 그리고 궁극적으로 신뢰(데이터 주체와 제3자 사이뿐만 아니라 데이터 주체와 조직 사이)에 따라 달라진다. 투명성과 익명화는 신뢰 관계를 크게 개선할 것이다.

기타 공유

개인 정보 보호 법률 또는 규정에 의해 개인 데이터 공유가 명시적으로 허용되지 않는 다른 모든 시나리오에는 익명화가 필요하다. 익명화 파이프라인은 위 시나리오 중 하나로 시작할 수 있지만 이 시나리오에서는 데이터를 더 이상 식별할 수 없도록 하여 책임감 있게 공유할 수 있도록 하는 익명화를 참조하고 있다. 데이터 흐름을 이해하는 것은 여전히 중요하므로 가장 세분화되고 유용한 데이터를 사용할 수 있도록 하는 위험 기반 접근 방식을 적용할 수 있다.

우리는 법적, 윤리적 경계를 이해하는 데 필요한 세부 정보를 파악하기 위해 '데이터 흐름을 이해하기 위한 조사 질문' 목록을 제공한다. 개인 정보 보호 법률 및 규정은 전 세계적으로 다양하기 때문에 지리적 고려 사항과 관련된 질문을 받게 될 것이며 국가 간 데이터 전송 및 데이터 현지화 법률 또는 규정(개인 데이터를 적절하게 익명화하지 않는 한 국가 내에서 호스팅하고 보관해야 함)을 고려해야 한다.

데이터 흐름을 이해하기 위한 조사 질문

- 데이터 변환이 발생할 수 있는 모든 데이터 전송 및 지점을 포함하여 소스에서 수신자 접근 또는 사용으로의 데이터 흐름은 무엇인가?

  − 데이터 흐름도를 제공하라(가능한 경우 대략적인 계획 초안도).

- 문제의 데이터를 소유하거나 관리하는 사람은 누구인가?

  − 고객은 관리인인가 아니면 수신자인가?

  − 관리인은 위험 완화 계획을 알고 있는가?

- 수신자는 어디에 있는가, 즉 어느 관할 구역 또는 지리적 위치에서 데이터에 접근할 수 있는가?

  − 수신자가 접근하거나 공유할 데이터에 연결되거나 연결될 수 있는 다른 데이터에는 어떤 것이 있는가?

  − 얼마나 자주 데이터에 접근하거나 공유하는가?

  − 데이터에 어떻게 접근하거나 공유하는가(예: 포털을 통해 접근, 수신자에게 전달)?

4.1.3 데이터 및 데이터 주체

앞서 사용 사례와 데이터 흐름을 파악했다. 이제 데이터 자체와 해당 데이터에 표시되는 사람을 고려해야 한다. 데이터의 유형과 구조는 개인 정보 보호 위험을 완화하기 위한 솔루션의 실용성을 정의할 수 있으며 식별 가능성과 잠재적인 개인 정보 침해를 모두 결정하려면 데이터의 다양한 속성을 이해해야 한다. 또한 이 평가는 데이터 주체가 누구이며 이러한 주체에 대한 데이터 처리와 관련된 기대치에 초점을 맞출 것이다. 다시 한 번 우리는 이 프로세스에 도움이 되는 일련의 '데이터 및 데이터 주체를 이해하기 위한 조사 질문'을 제공한다.

데이터 주체

데이터에 포함되는 개인에 대한 매개변수 또는 기준, 탑승을 위해 동반하는 친척이나 이웃과 같은 다른 개인에 대한 정보를 고려하라. 특히 의도적으로 수집한 경우 출처에 따라 법적 요건을 변경할 수 있다. 예를 들어 제품이나 서비스에서 데이터가 실제로 저장되는 국가가 아닌 다른 국가를 대상으로 하는 경우 데이터 주체 거주 국가의 개인 정보 보호 법률 및 규정이 적용된다.

> **CAUTION**_ 규제 기관이 개인 정보 보호 법률 및 규정의 치외법권 범위를 집행하는 것이 어려울 수 있는 것은 사실이지만 필요하다고 간주되는 경우 그렇게 하고 있고 앞으로도 그렇게 할 것이다. 일부 법률 및 규정은 이를 염두에 두고 설계되었으며(예: 유럽의 GDPR), 다른 법률 및 규정은 법원에서 그렇게 해석되었다. 어느 쪽이든 법에 충실하고 그에 따라 계획하는 것이 가장 좋다.

개인 데이터 수집, 저장, 보호 및 사용 방법에 대한 세부 정보를 문서화해야 한다. 감사 및 방어가 가능하려면 법적 의무를 존중하고 데이터 주체의 기대를 존중하기 위해 취한 합리적인 조치를 입증하기 위해 문서화된 데이터 보호 증명이 필요하다. 이러한 의무를 충족하는 한 가지 측면은 공유할 데이터를 이해하는 것을 의미하는 데이터 최소화다.

데이터의 구조와 속성

수집되거나 공유되는 데이터의 구조와 속성을 고려할 때 이해관계자가 시스템에 대해 원하고 필요로 하는 사항을 다시 고려해야 한다(요구 사항 수집의 핵심). 개인 정보를 염두에 두고 시스템을 설계할 때 수집 및 공유가 목적 사양을 지원하는지 반복적으로 검토하고 확인해야 한다. 그렇지 않으면 사용 가능한 모든 데이터를 수집하는 습관에 빠지기 쉬우며, 기본적인 개인 정보 보호 원칙 중 하나는 데이터 최소화다.

> **TIP** 필요한 경우에만 필요한 정보를 수집하거나 공유하라. 투명성의 정신을 바탕으로 데이터 주체에 특정 목적을 위해 데이터를 사용하고 있다는 것을 알게 하고 시스템은 해당 목적을 고수해야 할 것이다. 하지만 직접 알려주지 않더라도 시스템이 수행하는 작업을 기반으로 시스템이 어떤 데이터를 사용하는지 쉽게 이해할 수 있게 해야 한다.

3.1.5절 '결괏물 안전'에서 임곗값을 선택하기 위해 주관적인 기준을 사용한다고 설명했다. 이 접근 방식은 식별 가능성 허용오차를 정의하기 때문에 일반적으로 데이터 수집 및 공유를 고려하는 데 사용할 수 있다. 궁극적으로 개인 데이터를 수집하는 경우 데이터를 위임한 사람들의 삶을 침해할 가능성을 줄이기 원한다. 이 주관적인 위험 허용 평가에서 고려하는 범주를 반

복하고, 실제로 필요한 데이터를 정의할 때 고려해야 할 몇 가지 추가 세부 정보를 제공하겠다. 이는 개인 정보 보호 영향 평가의 일부가 될 수 있다.

데이터 민감도

필요한 세부 정보 수준, 즉 정보의 변수 수, 해당 데이터의 세분성 및 정밀도, 수집할 정보 도메인 수, 해당 도메인 가입 여부 등을 고려하라. 특정 개인 정보 보호 법률 또는 규정은 건강 정보, 유전자 또는 생체 인식 데이터, 인종 또는 민족, 정치적 견해 또는 종교적 신념, 개인의 성적 활동 또는 성향과 같은 특정 범주의 데이터를 특히 민감한 것으로 분류한다.

잠재적인 피해

위반 통지 법률 또는 규정은 데이터가 분실 또는 도난당하거나 부적절하게 처리될 경우 규제 기관이 데이터 주체에 대한 잠재적인 상해에 대한 기준을 어떻게 설정하는지에 대한 표시를 파악할 수 있다. 또한 그러한 사고가 데이터 주체에 직접적이고 수량화할 수 있는 피해와 측정 가능한 피해를 입힐 수 있는지도 고려해야 한다. 그리고 조직으로서 내부 또는 외부 데이터 공유를 위해 계약이나 데이터 공유 계약을 시행할 수 있는 능력을 고려하라.

승인의 적절성

데이터 주체는 데이터 수집 및 공유에 묵시적이든 명시적이든 참여를 승인할 수 있다. 그들은 조직 또는 시스템과의 상호 작용을 기반으로 수집되거나 공유된 데이터에 대한 기본적인 이해가 있어야 한다. 그들은 심지어 데이터를 자원했거나 데이터가 어떻게 사용될지에 대해 자문을 구했을 수도 있다. 그러나 필수 공유 또는 허용된 공유에 대해 논의하면서 보았듯이 반드시 승인을 받아야 하는 것은 아니다.

이를 염두에 두고 서로 다른 범주의 정보가 개인 정보 보호 또는 기밀 유지에 어떤 영향을 미칠 수 있는지 고려할 수 있다. 이 맥락에서 필요한 데이터가 무엇인지 알아야 한다.

정보 범주

우리는 이미 이전 장에서 식별 정보를 직간접적으로 언급했다. 그러나 이제 식별된 데이터로 작업하고 있으므로 이를 명확하게 설명하고 그에 대한 결정을 내릴 목적으로 데이터를 분류하는 추가 단계를 수행해야 하며, 그에 따라 데이터를 보호하는 데 사용할 수 있는 도구를 결정할 수 있어야 한다. 도구와 기술은 나중에 다시 살펴보고 여기에서는 수집 및 사용할 수 있는 데이터 유형에 중점을 두겠다.

직접 식별

이름 및 알려진 식별자와 같이 개인이나 가족을 고유하게 식별하기 위해 본질적으로 단독으로 사용할 수 있는 속성이다. 이는 식별된 데이터에 대해서만 보관해야 하며, 그 경우에도 직접 식별 속성을 다른 개인 데이터에 연결할 수 있는 별도의 데이터셋으로 분리하도록 선택할 수 있다. 식별 가능성을 줄이고자 할 때 이러한 속성은 항상 제거되고 가짜 임의 데이터 또는 가명 또는 토큰으로 대체된다. 사용된 기술은 견고하고 방어 가능해야 한다. 이를 종종 마스킹 또는 가명화(예: 유럽)라고 한다.

간접 식별

알려진 인구통계 및 이벤트와 같이 개인을 식별하기 위해 서로 조합하여 사용할 수 있는 속성은 위험을 줄이기 위해 수정 또는 변환해야 할 수 있다. 이러한 속성은 식별 가능성을 측정하는 데 사용되며 분석에 매우 유용하기 때문에 공유 데이터에서 즉시 제거되지는 않는다. 분석 유틸리티를 유지하기 위해 정보 손실을 최소화하기 원하기 때문에 익명화의 측면에서 이 모든 작업이 이루어진다. 일반적으로 위험 수준이 다른 두 가지 등급으로 나눌 수 있다.

- 고정된 인구통계와 같이 대중이 알 수 있는 것
- 만남 날짜, 종단적 특성 또는 사건 등 지인이 알 수 있는 것

기밀 또는 대상 데이터

식별할 수는 없지만 행동 및 선호도와 같은 데이터 작업을 통해 학습할 수 있는 속성이다. 대상 데이터는 여전히 익명화된 데이터에서 발견할 수 있으며 사용과 관련하여 윤리적 고려 사항을 제기할 수 있다. 종종 개인 데이터를 식별 여부로 분류할 때 식별되지 않는 모든 데이터가 대상 데이터로 간주되는 경우가 많다. 모든 것이 식별되는 것은 아니지만 모든 개인 데이터는 대상 또는 기밀로 간주된다. 기밀 데이터를 변환하려고 시도하는 익명화에 대한 몇 가지 접근 방식이 있지만 이것은 배울 것이 많은 정보이기 때문에 데이터 활용도에 매우 부정적인 영향을 미칠 수 있다.

비개인 데이터

기계 데이터와 같은 데이터 주체에 관한 것이 아니므로 본질적으로 개인적이지 않은 속성이다. 비개인 데이터는 때때로 개인 데이터와 혼합되어 대상 데이터로 잘못 분류되므로 분류할 가치가 있다. 그러나 예를 들어 장치 데이터의 맥락에서 이것을 개인 데이터와 (때로는

문자 그대로든 비유적으로든) 분리하는 것이 좋다. 신뢰와 규제 감독에 대한 미칠 수 있는 영향을 감안할 때 개인 데이터를 보다 효과적으로 보호하기 원할 것이다. 그러나 비개인 데이터는 분석 목적으로 여전히 가치가 있다. 그것에 대한 모든 감사와 감독이 필요하지 않다.

데이터 및 데이터 주체를 이해하기 위한 조사 질문

- 데이터베이스에 포함되는 개인에 대한 매개변수 또는 기준을 설명한다.

  − 데이터 주체는 누구이며 데이터 주체에 대해 수집된 정보에 다른 개인(예: 친척 또는 가족 구성원)이 포함되는가?

  − 데이터 주체는 어디에서 왔나? 즉, 데이터를 수집하는 관할 구역이나 지리적 위치는 어디인가?

- 데이터의 구조와 속성을 설명한다.

  − 수집된 데이터를 사용하여 분석 및 연구를 원하고 필요성이 있는가?

  − 예상 데이터 보존 기간은?

  − 수집된 속성이 수집 및 처리 목적을 지원하는가?

  − 데이터가 매우 상세하고, 본질적으로 매우 민감하고 개인적인가?

  − 부적절한 데이터 처리로 인해 개인이 입을 수 있는 잠재적인 피해는 무엇인가?

  − 데이터 공개에 대한 데이터 주체 승인의 적절성은 무엇인가?

- 추론을 포함하여 속성의 식별 가능성과 실제로 개인 데이터를 구성하지 않을 수 있는 항목을 설명한다.

  − 직접 식별과 간접 식별은 무엇인가?

  − 식별 가능한 데이터 외에 기밀 또는 대상은 무엇인가?

  − 데이터 주체에 관한 것이 아닌 비개인적인 것은 무엇인가?

이 장의 초점은 프로젝트 정의 단계, 즉 개인 정보 보호와 관련된 시스템 아키텍처의 일반 요소를 수집하고 정의하는 것이다. 개념 정의는 3.1.1절 '프로젝트 안전'에서 다뤘다. 우리는 이 지식을 개인 정보 보호에서 2차적 데이터 사용으로 전환하는 데 사용할 수 있으며, 이는 우리를 개인 정보 요구 사항 수집에서 개인 정보 설계 및 개발로 이동시킨다.

4.2 1차 용도에서 2차 용도로

지금까지 다양한 개인 정보 보호 고려 사항으로 프로젝트 범위를 넓혔지만 식별 가능성과 관련된 세부 사항도 조사했으므로 2차 용도를 위한 익명화 파이프라인을 구축하기 위한 옵션을 계획할 준비가 되었다. 우리는 이전 장에서 1차 용도와 2차 용도의 차이점을 다루었다. 그러나 우리 경험으로 볼 때 이것은 반복된다.

1차 목적

서비스를 제공할 때 사람들은 당신이 서비스를 효과적으로 제공하기 위해 어떤 데이터를 수집해야 하는지에 대한 기대를 갖게 되고, 수집된 데이터가 해당 서비스를 제공하는 직접적인 목적으로만 사용될 것이라고 기대한다. 정말 간단하다. 1차 목적은 서비스의 주요 이유다. 서비스를 제공하는 데 필요한 최소 데이터와 수집된 데이터가 동일한 서비스를 제공하는 데 사용되는 방식을 정의한다. 이 데이터는 직접적인 1차 목적으로는 사용할 수 있지만 다른 용도로는 사용할 수 없다.

2차 목적

1차 목적이 아닌 모든 것은 2차 목적이다. 달리 말하면 2차 목적은 1차 목적으로 수집된 데이터를 간접적으로 사용하는 것이다. 일부는 의무적일 수 있고(예: 법 집행 기관에 보고) 일부는 허용될 수 있다(예: 사회의 이익을 위해). 예를 들어 여러 데이터 주체로부터 수집된 데이터에서 분석 모델을 **구축**하는 것은 일반적으로 2차 목적으로 간주되는 반면 이미 구축된 분석 모델을 개인에게 예상되는 서비스를 **제공**하는 직접적인 목적으로 대상 데이터에 적용하는 것은 1차 목적이다. 식별 가능성을 줄이는 것은 주로 2차 목적에 적용된다.

식별된 데이터를 수집하는 1차 목적에서 2차 목적까지 데이터를 구문 분석하는 다양한 방법이 있다.

- 식별된 데이터를 기반으로 작동하여 1차적 용도를 제공하는 시스템(가명 데이터 사용을 통한 접근 제어의 한 형태)
- 분석 엔진(이러한 시스템은 가명 데이터를 기반으로 작동하는 것이 더 나을 수도 있다)
- 기본 사용에 영향을 주지 않는 별도의 파이프라인

식별된 데이터로부터 데이터를 익명화할 것이기 때문에 직접 식별자와 간접 식별자를 고려할 것이다. 사용하는 도구가 다르고 앞 장에서 설명했듯이 간접 식별자는 식별 가능성을 측정하는 면에서 마법이 일어나는 곳이기 때문에 구분한다.

또한 식별된 데이터로 시작하거나 어떤 식으로든 식별된 데이터를 포함하는 사용 사례도 살펴보자. 통제된 재식별(?!), 식별된 데이터와 익명화된 데이터를 혼합하거나 또는 식별된 데이터와 익명화된 출력물을 혼합하는 등 해결해야 할 복잡한 문제가 있다. 이 모든 것이 쉬웠다면 우리는 책을 쓰지 않았을 것이다! 바라건대 이것으로 이 장 시작 부분부터 살펴본 프로젝트 정의 단계의 중요성이 강조되었길 바란다.

4.2.1 직접 식별자 다루기

직접 식별자를 없애는 것은 익명화된 데이터를 생성하는 첫 번째 단계다(그러나 유일한 단계는 아님). 충분하지는 않지만 대부분의 경우 연결 변수만 있으면 레코드와 데이터 소스를 연결된 상태로 유지하여 어떤 데이터가 어떤 데이터 주체(**참조 무결성**referential integrity 이라고도 함)에 속하는지 알 수 있다. 많은 경우 데이터 관리자의 에이전트가 익명화된 데이터를 생성하는 데 관여할지라도 이것이 우리가 이 논의를 가명 데이터 수집에 대한 장으로 추천하는 이유다. 그러나 처음부터 시스템을 구축하는 경우 먼저 가명화된 데이터에서 익명화하는 것을 선호한다.

그러나 직접 식별자에서 사실적으로 보이는 데이터를 생성해야 할 때 강조해야 할 두 가지 사용 사례가 있다. 잠깐, 뭐라고?! 직접 식별자를 가짜 데이터로 교체할 것이지만 해당 데이터는 원래 수집된 다양한 데이터를 나타내야 한다.

현실적인 직접 식별자

익명화된 데이터를 생성하는 매우 일반적인 사용 사례는 소프트웨어의 기능 및 성능 테스트를 수행하는 것이다. 개인 데이터를 처리하는 애플리케이션을 개발하는 조직은 생산 환경에서 해당 데이터를 가져와야 하지만 이 데이터를 테스트 그룹과 공유하기 전에 익명화해야 한다. 이는 2차적인 목적일 뿐만 아니라(즉, 데이터 수신자가 데이터를 처음 수집했을 때 예상하는 서비스를 제공하기 위한 목적이 아님) 테스트 그룹의 데이터 환경에는 데이터를 보호하기 위한 완화 제어가 거의 없는 경우가 많다.

덜 일반적이지만 또 다른 사용 사례는 디자인 잼^{Design Jam} 또는 해커톤^{Hackathon}으로 이 사용 사례에는 배포 시 식별된 데이터를 사용하는 앱 또는 소프트웨어 작성이 포함될 수 있다. 이것은 실제로 소프트웨어 테스트 사용 사례와 매우 유사하지만 동기는 약간 다르다. 그러나 우려 사항은 비슷한데 데이터가 공유되는 상황에 따라 훨씬 더 심각해질 수 있다(예: 참가자가 데이터를 개인용 컴퓨터에 복사하고 연습이 끝날 때 복사본을 유지할 수 있음).

가명 데이터가 아닌 식별된 데이터 수집에 관한 장에 이러한 사용 사례를 넣은 이유는 사실적으로 보이는 데이터를 생성하기 위해 실제로 (마스킹된) 직접 식별자가 필요하기 때문이다. 계획된 사용 사례가 분석에 초점을 맞추지 않는 경우 우리 목표는 데이터 속성, 즉 데이터 품질이 애플리케이션의 강력한 테스트를 허용하는 것과 유사하다는 것을 확인하는 것일 뿐이다.

따라서 수집된 이름이 256자 문자열로 저장된 경우 이를 존중하고 원본과 비슷한 길이의 이름을 그곳에 포함하기 원할 것이다. 식별된 데이터와 익명화된 데이터 사이의 이름 길이를 일치시키지 않으면 정보가 누출될 수 있다(특히 매우 짧거나 매우 긴 이름과 같이 길이가 드문 이름의 경우). 그러나 그 이름 어딘가에 비슷한 것이 필요할 것이다.

이러한 종류의 마스킹은 식별 정보가 누출되는 것을 원하지 않으므로 올바르게 수행되어야 한다. 개인 정보 보호 체계를 깨는 일반적인 방법 중 하나는 발생 빈도를 사용하여 시스템 또는 역공학 결과에서 정보를 추출하는 데 사용되는 빈도 공격이다. 이름 길이가 한 가지 예가 될 수 있다. 이름 길이 분포는 데이터가 수집된 위치를 알아보거나 가능한 이름을 좁히는 최소/최대 길이를 찾기 위해 국가별 이름의 외부 사전과 일치시키는 데 사용될 수 있다.

4.2.2 간접 식별자 다루기

직접 식별자와 같은 방식으로 간접 식별자를 제거하는 것은 익명으로 렌더링된 데이터에서 모든 위험(좋은 소리!)과 모든 분석 유틸리티를 제거하는 것을 의미한다(오, 끔찍해!). 이전 책에서 식별 가능성을 측정하는 방법에 대해 설명했다.[3] 그리고 2장에서 식별 가능성 측정의 기본 개념을 설명했다. 어떤 기술 접근 방식을 사용하든 이러한 개념은 적용된다.

간접 식별자를 제거하는 대신 데이터/출력을 변환하여 식별 가능성 수준이 데이터를 식별할 수 없다는 합리적인 보증을 제공하는 데 사용되는 방어 가능한 임곗값을 산출하도록 했다. 우리는 3장에서 이를 수행하기 위한 프레임워크를 이미 제공했다.

위험 기반 익명화를 통해 운영되는 파이브 세이프는 거버넌스 프레임워크이자 데이터 공유 콘텍스트에서 식별 가능성을 평가하기 위한 기반이다. 세이프 중 하나를 변경하면 식별 가능성에 대한 평가가 변경될 수 있기 때문이다. 그들은 밀접하게 연결되어 있다. [그림 4-3]과 같이 데이터 공유 콘텍스트에 영향을 미치는 모든 요소를 고려하라.

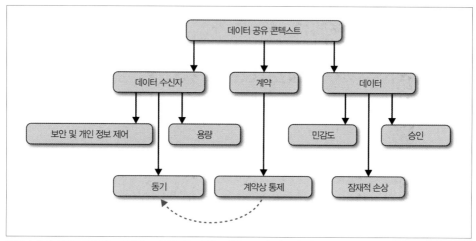

그림 4-3 데이터가 공유되는 콘텍스트에 영향을 미치는 많은 요소가 있으며, 이 모든 요소는 식별 가능성에 대한 엄격한 평가에 고려되어야 한다.

우리는 여전히 우리의 결과물 안전에서 결정된 대로 정의된 위험 허용오차를 달성하기 위해 데이터를 계속 변환할 것이다. 그러나 궁극적으로 현재 장이 식별된 데이터 작업에 중점을 두고 있기 때문에 가명 데이터에 대한 장을 위해 이것을 저장해둔다. 가능하면 가명화된 데이터에 익명화 계층을 적용해야 한다. 원래 데이터 수집의 2차 목적은 생산 환경에 있는 식별된 데이터에서 직접 작동하면 안 된다.

---

3 엘 에맘과 아버클의 「건강 데이터 익명화: 사례 연구 및 시작 방법」

서로 다른 유형의 식별자를 고려했으므로 식별된 데이터에서 익명화된 데이터를 생성하는 방법부터 시작하여 식별된 데이터와 익명화된 데이터를 모두 사용하여 작업하는 방법을 고려할 수 있다.

4.2.3 식별에서 익명으로

데이터 익명화의 주제는 하거나 하지 않는다는 점에서 간단해보일 수 있다. 우리는 데이터를 익명화할 수 있는 외부 데이터 수신자와 합법적인 목적을 위한 재식별과 관련된 상황을 고려할 것이다. 1장에서 설명한 바와 같이 '공유'라는 용어는 데이터/출력의 복사본을 공유하거나 접근 권한을 공유하는 것을 의미하기 위해 광범위하게 사용한다.

- 데이터 복사본을 공유한다는 것은 익명화된 데이터 및 출력이 다른 그룹에 의해 관리될 때 식별 가능성을 평가한다는 것을 의미한다. 이 경우 평가되는 것은 평가 대상 데이터에 대한 수신자의 환경이다(수신자 사이트의 안전 설정). 이는 데이터가 사용될 위치이기 때문이다.
- 데이터에 대한 접근 권한을 공유한다는 것은 익명화된 데이터/출력이 데이터 수신자의 접근에 대한 통제와 함께 데이터 관리자에 의해 관리될 때 식별 가능성을 평가한다는 것을 의미한다. 이 경우 평가되는 것은 데이터 호스팅을 위한 관리자의 환경이다(안전 설정은 항상 데이터를 호스팅하고 사용할 위치에 평가된다).

TIP 익명화는 데이터 및 출력에 대한 복사본 또는 접근 권한을 공유하는지 여부에 관계없이 데이터 수집의 주요 목적이 수행되는 생산 환경과 분리되어야 한다. 익명화가 실패해서 기본 사용에 영향을 미치지 못하거나 이러한 환경에서 보안 사고에 영향을 미치는 것은 절대 원치 않는다. 차라리 이것들을 나누자. 데이터를 생산 환경에서 파이프로 연결하여 이 파이프에서 익명화를 적용하거나 익명화가 수행될 다른 생산 환경에 파이프로 연결한다. 후자의 경우 익명화를 수행하는 전문가는 식별된(또는 가명화된) 데이터에 접근할 수 있는 권한이 필요하다.

익명화되면 데이터 수신자와 데이터 및 출력을 공유할 수 있다. 이것의 쉬운 버전은 [그림 4-4]에 나와 있으며 데이터 수신자가 조직 외부에 있다. 다음 장에서는 더 복잡한 파이프라인을 알아보겠다.

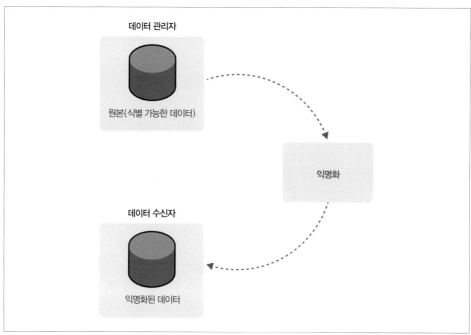

그림 4-4 1차 목적으로 사용되는 원본 데이터와 2차 목적으로 사용되는 익명 데이터는 별도의 법적 법인에서 관리한다.

데이터(익명화) 프로세서

데이터가 프로덕션 환경에서 제거되면 파이프라인 자체에서 익명화되지 않은 경우(자동 익명화 도구를 사용하여 데이터 또는 출력을 변환하는 경우) 어딘가에서 익명화해야 한다. 어떤 경우에는 데이터 프로세서, 즉 데이터 관리자 역할을 대신하는 대리인이 이 작업을 수행하며 개인 데이터를 처리할 법적 권한이 있는지 확인하기 위해 적절한 합의가 이루어져야 한다. 이것은 또한 개인 데이터가 프로세서로 전송되고 익명화된 데이터/출력이 프로세서에서 나오는 파이프라인으로 생각할 수 있다.

> **NOTE_** 데이터 처리 계약은 데이터 관리자(컨트롤러)와 데이터 프로세서 간의 법적 관계를 설정하는 데 사용된다. 프로세서는 본질적으로 데이터 관리자의 확장이 되어 개인 데이터를 사용하는 특정 처리 활동에 대해 동일한 책임을 진다. 그들은 관리인보다 더 많은 권리는 없지만 개인 데이터를 처리한다는 점에서 요건을 갖추고 있다. 관계가 종료되면 프로세서에 의해 파기되어야 하는 개인 데이터의 사용도 마찬가지다. 또한 이러한 계약은 익명화된 데이터/출력(개인 데이터에서 파생됨)을 사용할 수 있는지 여부를 명시해야 한다.

도구와 일부 교육은 데이터 관리자가 데이터를 익명화하는 수단을 확실히 제공할 수 있다. 데이터를 익명화하기 위해 데이터 프로세서를 사용하는 이유는 전문 지식이 (아직) 사내에 존재하지 않거나 데이터를 익명화하는 데 필요한 교육 및 인증 비용이 비즈니스적으로 고려되지 않았을 수 있기 때문이다. 또는 데이터 관리자는 다른 사람이 익명화와 결정된 공유 메커니즘(다른 조직에 대한 공급 업무 관리 포함) 모두에 대해 책임을 지기 원할 수 있다.

통제된 재식별

데이터 수신자가 익명화된 데이터 주체와 관련하여 데이터에서 흥미로운 것을 배운다고 상상해보자. 이는 환자의 치료나 관리, 사기 행위, 기밀 데이터 또는 대상 데이터에서 학습한 여러 가지에 영향을 미칠 수 있다. 이러한 통찰력은 익명화된 데이터를 재식별하고자 하거나 필요로 하는 데이터 관리자와 공유할 수 있다. 예를 들어 데이터 관리자는 이러한 특정 통찰력을 원래 데이터 주체에 다시 연결할 수 있도록 가명화된 연결 변수에 대한 키를 보관했을 수 있다.

통제된 재식별은 식별된 데이터가 원래 수집된 원래 목적 또는 법적으로 허용되는 2차 사용의 일부 형태와 호환되어야 한다. 이는 환경 안전에서 데이터 관리자(이미 식별된 원래 데이터를 가지고 있는)에 의해 식별된 데이터에 접근할 수 있는 권한이 주어진 개인에 의해서만 수행될 수 있다.

> CAUTION_ 합리성 주장은 일반적으로 식별 가능성을 설명할 때 개인 정보 보호 법률 및 규정에 포함되지만 일부 규제 기관의 지침에 따르면 익명화는 되돌릴 수 없어야 한다. 지침은 법률이 아니며 법원 판결은 법률 및 규정에서 찾을 수 있는 사리에 맞지 않는 내용을 기술하고 있다. 그러나 해당 지침은 해당 규제 기관이 찾고 있는 것에 대한 기대치를 설정하며 법원은 그것이 타당하고 합리적이라고 생각하는 경우 지침으로 전환할 수 있다. 따라서 일부 관할 구역에서는 통제된 재식별을 비즈니스 위험으로 간주할 수 있으며 해당 활동을 지원하기 위한 적절한 법적 근거를 사용하여 사용 사례에서 가명 또는 토큰을 되돌릴 수 있는 기능을 유지하는 것이 얼마나 중요한지 결정할 수 있다.

논란의 여지가 덜한 또 다른 옵션은 관심 있는 결과로 이어질 분석, 즉 데이터 관리자가 동일한 결과를 산출하기 위해 식별된 데이터에 사용할 수 있는 통계 방법을 공유하는 것이다. AI/ML 알고리즘을 포함한 통계 방법이 독점적인 경우 이것은 항상 가능하지 않을 수 있다.

우리는 익명화된 데이터를 외부 데이터 수신자와 공유하는 방법을 고려하는 것으로 시작했다.

그리고 그 결과 익명화 프로세서의 사용과 통제된 재식별 같은 몇 가지 고려 사항이 대두되었다. 이제 **내부** 데이터 수신자와 데이터를 공유해야 하는 약간 더 복잡한 사용 사례를 살펴보겠다.

4.2.4 식별된 것과 익명화된 것을 혼합

의료 기관과 같이 환자에게 의료 서비스를 제공하면서 수집한 익명의 건강 데이터를 내부 연구원과 공유하려는 데이터 관리자를 상상해보자. 이 연구원은 건강 데이터에 있는 환자를 치료하지 않으며 계획된 목적은 해당 환자의 직접 치료와 관련이 없다. 즉, 그들은 부차적인 목적만 고려하고 있다. 이는 동일한 조직이 환자 치료에 사용되는 식별된 데이터와 연구에 사용되는 익명화된 데이터를 갖게 된다는 것을 의미한다.

> **NOTE_** 규제 기관은 데이터의 책임감 있는 사용을 장려하고 효율성과 혁신을 주도하기 원한다. 그러나 일부는 만리장성의 한 면에 1차 목적으로 사용되는 식별 데이터가 있고 다른 면에 2차 목적으로 사용되는 익명 데이터가 있는 시나리오에 어려움을 겪고 있다. 조직은 원할 때마다 벽의 한쪽에서 다른 쪽으로 이동할 수 있는 능력이 있는 것 같다. 문제는 식별된 데이터와 익명화된 데이터를 분리하는 것이다. 이론상 이 둘을 혼합하고 식별된 익명 데이터를 렌더링할 수 있기 때문이다.

이론적으로 동일한 조직이 식별된 데이터를 가지고 있기 때문에 익명화된 데이터를 재식별하는 것이 훨씬 쉬울 것이다. 그러나 실제로 조직은 데이터를 식별했을 때 재식별할 필요나 욕구가 없다. 동기는 단순히 조직 수준에 있지 않으며 식별된 데이터가 항상 존재하고 이러한 주요 목적으로 사용되기 때문에 키가 있다는 유추는 그리 중요하지 않다. 그러나 식별된 데이터와 익명화된 데이터 사이의 분리는 실제적이고 입증 가능해야 하며 감사 가능한 증거 및 시행으로 잘 문서화되어야 한다.

기능 익명화

데이터 관리자가 실제로 제어 및 사용에 대해 직접적으로 감독할 수 있기 때문에 익명화된 데이터의 내부 재사용에는 이점이 있다. 조직 기능 내에서 보유된 데이터가 익명화되고 그대로 유지되는 경우를 만드는 것은 익명화된 데이터와 식별된 데이터 사이에 진정한 분리가 필요함을 의미하기 때문에 위험이 없다는 말은 아니다. 그리고 규제 기관은 익명화가 단순히 직접적인 식별자(즉, 가명화)를 제거하는 것보다 개인 정보를 보호하는 것임을 인식한다.

일반적으로 주요 용도를 유지하면서 데이터의 효율성을 높이고 혁신하려는 분명한 욕구가 있다. 그러나 식별된 데이터와 함께 과거 기록을 유지해야 하는 (비개인적인) 규제 요건도 있다. 이는 식별된 데이터를 유지하고 데이터 관리자가 1차 및 2차 용도를 모두 제공해야 하는 실질적인 이유가 있다는 점을 강조하는 역할을 한다. 예를 들어보자.

- 은행은 지정한 기간 동안 특정 기록을 유지해야 하며, 정보의 종류에 따라 지정 기간이 다를 수 있다. 여기에는 거래를 재구성하는 데 필요한 정보, 대출 정보, 대출, 저축 및 자금 이체와 관련하여 취해진 모든 공개 또는 조치에 대한 준수 증거가 포함될 수 있다. 필요한 보존 기간은 여러 해에 이를 수 있다.
- 정부 부처와 공공 기관은 주요 용도에 따라 다양한 법률과 규정을 준수해야 한다. 데이터 유형은 매우 다양하며 시민의 권리, 장애, 고용, 건강, 사회 서비스 등에 대한 정보를 포함할 수 있다. 거래를 재구성하거나 의사 결정을 지원하기 위해 정보를 유지 관리해야 할 수 있다. 다시 말하지만 이는 그들이 제공하는 주요 용도에 따라 크게 달라진다.
- 임상 시험 후원자는 시험 완료 후 수년간 시험 기록을 보관해야 한다. 정확한 보고와 해석, 검증을 위한 것이다. '판매 허가'(판매할 제품에 대한 라이선스를 평가하고 부여하는 프로세스)에 사용되는 시험판은 보존 기간이 훨씬 더 길며 일부 정보는 제품이 승인되는 동안 보존해야 한다.

본 시나리오에서 우리는 익명화된 데이터를 제공한다. 이 시나리오에서는 식별화 및 익명화된 데이터가 동일한 법적 실체, 즉 특수 이름으로 존재한다.

기능 익명화

데이터 재식별에 필요한 키나 추가 데이터에 접근할 수 없는 조직 기능 내에서 식별 가능성이 충분히 낮도록 보장하기 위해 강력한 개인 정보 보호, 보안 및 계약상 제어를 통해 변환 및 보호되는 데이터

조직에서 기능적으로 익명화된 데이터로 작업하는 동시에 프로세스(또는 최소한 가명)를 역순으로 전환하는 키를 유지하는 것이 바람직한 상황이 있다. 참여 규칙은 앞에서 설명한 통제된 재식별 프로세스를 따라야 한다. 즉, 데이터 관리자에 의한 의도적인 재식별은 양립할 수 있는 목적 또는 허용되는 2차 목적을 위한 것이어야 한다.

정보 장벽으로서의 파이브 세이프

대중과 규제 기관의 신뢰를 얻으려면 기능적으로 익명화된 데이터와 식별된 데이터 사이에 명확한 구분이 있어야 한다. 이는 [그림 4-5]와 같이 동일한 조직이 두 가지를 혼합할 때 특히 그렇다. 우리는 어느 누구도 데이터 관리자가 케이크를 가지고 있으며 또한 먹고 있다고 생각하지 않기를 바란다.

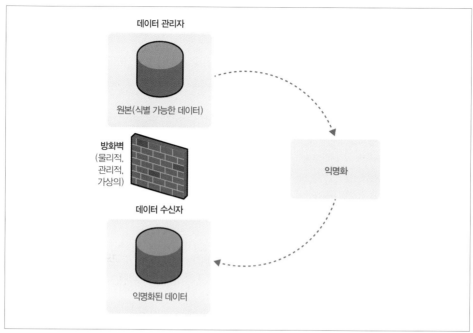

그림 4-5 1차 목적으로 사용되는 원본 데이터와 2차 목적으로 사용되는 기능적으로 익명화된 데이터 사이의 정보 장벽

3장에서 제시한 파이브 세이프를 살펴보고 어떻게 그 신뢰를 구축할 수 있는지 살펴보도록 하자.

프로젝트 안전

목적의 명확한 구분과 윤리적 검토는 올바른 경로에서 안전한 사용을 만드는 프로젝트를 설정하는 데 확실히 도움이 될 것이다.

인력 안전

데이터 수신자가 같은 조직에서 근무한다고 가정하자. 기능적으로 익명화된 데이터로 작업하는 사람과 식별된 데이터로 작업하는 사람을 명확하게 구분할 필요가 있다. 그렇지 않으면 실수로 누군가를 인지할 위험이 훨씬 더 높아진다.

환경 안전

기능적으로 익명화된 데이터를 위한 데이터 환경은 혼합 없이 식별된 데이터와 독립적이어야 한다. 이는 관리자를 포함한 데이터 수신자가 식별된 데이터에 접근할 수 없으며 기능적으로 익명화된 데이터에 대한 물리적 접근은 다른 직원이 식별된 데이터에 접근하는 것과는 별개의 영역에 있음을 의미한다(즉, 누군가 실수로 어깨너머로 보는 것을 방지하기 위해).

데이터 안전

식별된 데이터와 기능적으로 익명화된 데이터를 분리하도록 인력 안전과 환경 안전이 명확하게 정의되어 있는 경우 일반적인 위협 모델링을 수행하여 잔여 위험을 제거할 수 있다.

결과물 안전

위험 허용오차는 동일하지만 출력을 잘못 사용하는 것에 대한 변명의 여지가 거의 없거나 전혀 없을 것이다. 오남용이 데이터가 파생된 동일한 사용자에게 영향을 미치는 경우 서비스 사용자의 신뢰가 심각하게 손상될 것이다.

이것이 어떤 사람들에게는 지나쳐 보일 수 있으며 이러한 제약 조건이 얼마나 안전한지 평가하기 위한 우리 프레임워크에 반하는 것처럼 보일 수도 있다. 그러나 이것은 규제 기관의 심각한 문제이므로 가볍게 여기지 말자. 데이터를 사용하면 많은 이점이 있을 수 있으며 이는 인정하지만 명확한 경계가 있어야 신뢰를 구축하고 유지할 수 있다.

이제 식별된 데이터와 기능적으로 익명화된 데이터 사이에 방어 가능한 정보 장벽을 만들기 위한 위 고려 사항을 다음 세 가지 제약 조건으로 요약할 수 있다.

- 다른 사람
- 서로 다른 물리적 영역과 가상 영역
- 서로 다른 시스템 관리자가 지원

CAUTION_ 일부에서는 식별된 데이터와 기능적으로 익명화된 데이터를 혼합할 가능성이 있는 경우 별도의 법인을 만들어 규제 우려와 감독을 제한할 것을 옵션으로 권고하기도 한다. 우리는 그들이 제공할 익명 데이터로만 일하는 새로운 회사를 분리한 조직과 함께 일했다. 이는 이것이 얼마나 심각한 주제인지 알려줄 뿐만 아니라 익명화된 데이터가 가질 수 있는 가치도 말해준다(회사가 해당 데이터에서 생성할 통찰력으로부터 이익을 얻는 동시에 규제 위험을 줄여 이러한 이익을 보장할 수 있다). 이는 심각한 일이다.

데이터를 익명화하는 것이 그리 어렵지 않은 것처럼 우리는 이제 몇 가지 간단한 파이프라인을 구축하는 데 있어 몇몇 복잡한 요인 중 일부를 보았다. 우리는 외부 또는 내부 데이터 수신자를 위해 식별된 데이터에서 익명화된 데이터로 이동했으며 익명화된 데이터와 사용 방법에 대한 적절한 감독을 유지하기 위해 적절한 조건을 구축하는 방법을 고려했다. 우리는 이러한 데이터 자산을 서로 완전히 분리된 별개의 개체로 취급했다. 하지만 식별된 데이터와 익명화된 데이터가 어떤 방식으로든 중복되면 어떻게 될까?

4.2.5 신원 확인에 익명 적용

익명화된 데이터의 출처에 관계없이 식별된 데이터와 혼합하거나 익명화된 데이터의 모델 출력력을 식별된 데이터에 적용해야 하는 상황이 발생할 수 있다. 이것은 재식별의 한 형태처럼 보일 수 있기 때문에(그렇지 않더라도!) 분명히 눈살을 찌푸리게 할 것이다. 몇 가지 가능성을 고려해보자. 이를 의미 있는 방식으로 수행하려면 [그림 4-6]과 같이 익명화된 데이터와 식별된 데이터 간의 모집단을 비교해야 한다. 정의된 모집단(식별 가능성에 기반)은 둘 다 동일하다고 가정한다. 이들을 우려가 가장 적은 것부터 가장 많은 순서로 나열하였다.

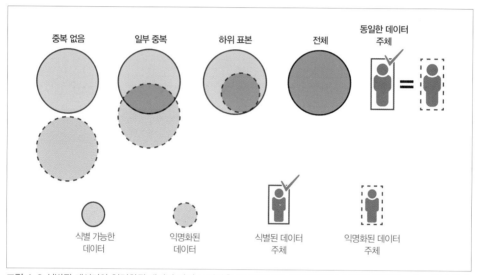

그림 4-6 식별된 데이터와 익명화된 데이터 간의 모집단을 비교하면 가능한 개인 정보 문제를 해결하는 데 도움이 된다.

모집단 중복 없음

이 경우 익명 그룹의 통찰력이 완전히 다른 모집단에 적용되므로 우려할 필요가 없다. 다른 곳에 적용될 수 있는 구매 패턴에 대한 통찰력을 제공하는 소비자 그룹이 한 부문에 있다고 상상할 수 있다. 모집단이 중복되지 않을 때 재식별의 위험은 없지만 행동과 결과에 대해 배울 흥미로운 점이 있다.

일부 모집단 중복

중복되는 데이터 주체가 있을 때 식별된 데이터와 익명화된 데이터를 혼합하기 시작하면 잠재적인 재식별에 대한 우려가 제기될 수 있다. 그러나 이 경우 중복은 불확실하다. 어떤 데이터 주체가 중복되는지 알 수 없고 단지 식별 가능한 일부 기능을 공유한다는 것뿐이지만 이들은 이미 식별 가능성을 기반으로 한 클러스터링 측면에서 관리되고 있다. 두 모집단 사이의 중복 정도에 따라 재식별을 시도하는 데 상당한 불확실성이 있을 수 있다.

모집단의 하위 표본

익명화된 데이터가 식별된 데이터의 하위 집합인 경우 공격자는 일치하는 데이터 주체가 있다는 것을 알 수 있지만 어느 주체인지는 알 수 없다. 식별된 데이터가 익명화된 데이터의 하위 집합인 경우에도 마찬가지다. 이전의 모집단 중복 사례보다 불확실성이 적다. 중복되는 식별 불가능한 속성이 있으면 특히 샘플 크기가 증가함에 따라 이러한 속성이 익명화된 속성과 식별된 속성 간의 일치에 대한 잠재적인 위험을 나타내므로 우려가 발생할 수 있다.

전체 모집단

이 시점에서 민감한 정보를 개인 그룹과 연관시키는 것과 같은 속성 공개의 상당한 위험이 있다. 데이터셋은 정의된 모집단 전체를 나타내야 한다. 그렇지 않으면 샘플링을 통해 상대방이 이러한 중복을 알 수 없다. 익명화된 데이터에 누가 있는지(어떤 기록이 그들에게 속하는지는 알 수 없음) 알려져 있기 때문에 검사 공격의 완벽한 예이기도 하다(3.1.4절 '데이터 안전' 참조). 즉, 식별 가능성이 이전 예보다 확실히 높으며 이러한 속성이 어떻게 사용될지에 대한 윤리를 고려할 수 있다.

정확한 데이터 주체

이는 식별된 데이터 주체에 익명 데이터를 일치시키기 위해 연결 변수를 사용한 경우에 발생할 수 있다(연결 작업은 개인 정보를 보호하는 방식으로 수행될 수 있지만 이는 다른 주제다). 이렇게 하면 식별된 프로필이 향상되지만 익명화된 데이터가 이제 재식별되기 때문에 상당한 우려가 제기될 수 있으며, 익명화된 개인 데이터의 원래 데이터 관리자가 아닌 다른 사람이 해당 데이터를 재식별할 수도 있다.

중첩 및 하위 표본 사례는 집계 형식의 인구 조사 데이터 및 추론을 고려할 때 다소 일반적이다. 특정 지리적 영역의 출력을 식별된 데이터에 적용하여 분석 모델링을 향상시킬 수 있다. 예를 들어 한 지역에 있는 사람들의 80%가 초콜릿 케이크를 좋아한다는 사실을 알고 있으면 소비 패턴을 모델링하는 경우 확실히 도움이 될 것이다. 그러나 모집단이 완벽하게 일치하지 않기 때문에 불확실성이 있는데, 이는 기껏해야 우리가 추론할 수 있다는 것을 의미한다.

개인 정보 위험 및 영향에 대한 우려를 줄이려면 식별된 데이터 자체보다는 익명화된 데이터에 모델, 출력 및 통찰력을 적용하는 것이 가장 좋다. 이것은 꼭 필요한 것은 아니지만 규제 기관에 설명하기가 더 쉬울 것이다. 최소한 샘플링 또는 하위 샘플링. 영향 평가 또는 윤리 검토를 통해 잠재적인 속성 공개를 피하는 것이 좋다.

위 고려 사항이 문제를 복잡하게 만드는 것처럼 보이지만 실제로 이러한 복잡성을 만드는 것은 식별된 데이터와 익명화된 데이터 간의 중복이다. 잠재적 위험을 파악해 이를 완화하고 위험 및 완화를 규제 기관에 설명하는 것이 중요하다. 앞서 언급했듯이 두 가지 유형의 데이터 작업에 대한 접근 방식을 감사 및 방어할 수 있도록 이러한 특성에 대한 세부 정보를 문서화해야 한다.

4.3 마치며

우리는 식별된 데이터를 수집하고 개인 데이터를 관리하는 시스템에 개인 정보를 설계할 때의 우려와 고려 사항으로 시작했다. 가장 효과적인 개인 정보 보호 도구 중 하나는 언제 어디서나 데이터 주체를 데이터에서 분리하거나 식별 가능성을 줄이는 것이다. 이 장은 식별된 데이터 수집을 시작으로 다양한 사용 사례를 검토하면서 최대한 많은 요구 사항과 우려 사항을 수집하여 프로젝트 정의 단계를 진행하는 데 도움을 주기 위한 것이다.

개인 정보 보호 공학의 단계를 통해 작동하는 많은 리소스가 있는데 이 장은 모든 리소스를 다루기 위한 것은 아니다. 우리 목표는 익명화 파이프라인을 구축하는 올바른 길을 안내하는 것이었다. 우리 목표는 포괄적이고 반복 가능하며 방어 가능한 방식으로 데이터에서 신원을 제거하는 것이기 때문에 이를 위해 개인 데이터와 관련된 개인 정보 보호의 모든 측면을 고려할 필요는 없다.

앞서 설명했듯이 식별된 데이터에서 새로운 가명화된 데이터 공급으로 파이프라인을 생성할 가능성이 높다(식별된 데이터 위에 직접 작동하는 모든 데이터를 구축하면 기본 데이터 수집 및 서비스가 위험에 처할 수 있으므로). 이 장은 방대하기 때문에 익명화 기술에 대한 논의는 가명화된 데이터 수집의 관점에서 작업하는 다음 장에서 설명하겠다.

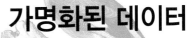

CHAPTER 5

가명화된 데이터

사람의 이름, 주소 및 기타 고유 식별자를 포함하여 **식별된 데이터**가 데이터에서 제거되면 가명화된 데이터만 남게 된다. 이 용어는 유럽에서 개인 정보 보호 규정이 도입되면서 대중화되었다. 기술적으로 말하면 직접 식별되는 정보는 가명으로 대체할 필요가 없다. 토큰이나 가짜 데이터로 대체되거나 완전히 억제될 수도 있다. 법적 용어 가명화는 직접 식별자가 데이터 보호 메커니즘으로 어떤 식으로든 제거되었음을 의미한다. 그리고 재식별에 필요한 추가 정보는 별도로 보관되며 기술 및 관리(또는 조직) 통제의 대상이 된다.

명심해야 할 가장 중요한 점은 가명화된 데이터는 여전히 개인 정보라는 것이다. 가명화된 데이터에 남아 있는 손상되지 않은 간접 식별자는 잠재적인 재식별 위험을 내포하는 것으로 알려져 있다. 식별 가능성이 스펙트럼에 존재하며 식별 가능성이 낮은 데이터의 처리를 장려하는 이점이 있다는 것을 인식하여 가명화가 도입되었다. 그러나 2차 분석을 위해 가명화된 데이터 위에 위치하는 잠재적 기술과 이것이 익명화 환경에 적용되는 경우도 살펴볼 것이다.

5.1 데이터 보호 및 법적 권한

가명화된 데이터가 식별하기 어려운 정보로 변환되는 시나리오를 논의하기 전에 가명화된 데이터의 이점과 기회를 고려해볼 필요가 있다. 가명화된 데이터가 여전히 개인 정보로 분류되더라도 이름과 기타 직접적인 식별자를 제거하면 데이터가 누구 것인지 즉시 알 수 있는 즉각적인 위험을 제거함으로써 개인 정보를 보호할 수 있다. 누군가의 매우 개인적인 것, 예를 들어 건강 정보와 같이 민감한 것을 보는 것은 기억 속에 그들의 이름이나 주소를 확고히 하는 것을 도울 수 있다.

식별된 데이터로 작업하는 분석가가 누군가 성병^{STD}에 문제가 있다는 것을 알게 된다고 상상해보자. 분석가는 이 사람을 아직 알지 못하지만 그럼에도 불구하고 미래에 마주칠 수 있고 이 사람과 성병의 민감한 진단을 알고 있다는 것이 번뜩 생각날 수 있다. 얼마나 어색한가! 분석가가 이 사람을 알지 못하고 결코 만나지 않을지라도 누군가가 당신에 대해 매우 개인적인 것을 배우고 있다는 사실을 아는 것에는 소름 끼치는 요소가 있다. 특히 이름, 주소 또는 기타 직접적인 식별자가 해당 정보에 연결되어 있을 때 그렇다. 가명화된 데이터를 입력하라.

5.1.1 가명화된 서비스

가명화는 완벽하지 않다. 하지만 개인 데이터 작업에 대한 합법적인 사용 사례가 있다. 앞의 분석가는 기술된 사람을 치료하는 병원과 협력했을 수 있다. 그들이 여전히 성병을 앓고 있는지 여부에 관계없이 분석가는 새로운 진단을 위해 고려 중인 다른 치료법을 위해 이 정보를 알아야 할 수도 있다. 분석가는 그들의 질병을 치료하기 위해 노력하고 있기 때문에 개인 데이터로 작업할 법적 권한이 있다고 가정할 수 있다. 그러나 문제는 분석을 하기 위해 개인의 직접적인 식별자를 알아야 하는지 여부이다.

> **NOTE_** 분명히 말해 민감하고 어쩌면 '역겨운' 건강 진단에 대해 논의하는 것은 건강하지 않은 청중에게 불안감을 줄 수 있다. 하지만 그게 요점이다. 건강 정보는 실제 건강 문제가 있는 실제 사람들에 관한 것이다. 이들은 합법적인 건강 문제이며 건강 문제를 치료하는 맥락에서 당혹스러울 것이 없다. 그러나 현실은 사람들이 당황할 것이고 낙인의 위험이 있으므로 이 정보를 비공개로 유지하기 원할 것이다. 그들의 입장이 되어보라. 여러분이 건강 정보에 대해 개방적이든 아니든 요점은 우리가 개인적이고 민감한 정보를 다루는 방법을 결정하는 사회적 규범이 있다는 것이다. 이 책의 목적은 (대부분 개인 정보 보호 법률 및 규정에 의해 성문화된) 사회적 규범에 따라 개인 정보를 존중하는 데 도움이 되는 도구를 제공하는 것이다.

가명 진료라는 용어는 ISO 25237 (건강 정보학—가명화)[1]에서 그러한 시나리오를 설명하기 위해 사용되었다. 즉, [그림 5-1]과 같이 직접 식별자를 사용하지 않고도 관리가 제공된다. 이것

----

[1] ISO 25237, 「건강 정보학—가명화」(2017), https://oreil.ly/WfA24

은 분석가가 통계 알고리즘을 실행하고 결과를 담당 의사에게 보내는 것일 수 있다. 또는 실험실 기술자가 생물학적 샘플을 처리하고 결과를 다시 보낼 수도 있다. 결과는 데이터베이스에 기록되고 환자의 데이터로 작업하는 사람들에게 새로운 결과가 알려질 가능성이 높다. 접근 통제는 직접적인 식별자에 접근해야 하는 사람들만 환자의 파일을 불러올 때 그들을 볼 수 있도록 한다. 따라서 분석가나 연구실 기술자는 직접적인 식별자 없이 요청과 생성된 결과를 볼 수 있지만 다른 사람들은 접근 권한에 따라 더 많은 것을 볼 수 있다.

그림 5-1 가명화된 데이터는 데이터 주체의 이름(및 기타 직접 식별 정보)이 필요하지 않은 경우 언제든지 사용할 수 있다.

환자를 직접 대면하는 사람(진료 의사, 간호사, 행정 직원)만이 실제로 환자의 이름을 볼 필요가 있다. (그렇지 않으면 환자를 가명으로 언급하는 대화가 어색할 것이다! '안녕하세요, 666 환자. 기로에 서 있는 것 같습니다.') 물론 송장 발행 및 청구와 같이 직접 식별자가 필요한 다른 사용 사례도 있다. 유감스럽게도 가명화된 데이터에 대해 가능한 모든 사용 사례 목록을 제공할 수는 없다. 이를 위해서는 데이터 흐름, 법적 경계, 개인 정보 보호 정책, 비즈니스 프로세스 및 사용자 상호 작용을 통한 작업(및 정당화)에 대한 분석이 필요하다. 기본적으로 요구공학Requirements Engineering, RE의 모든 요소다.

5.1.2 법적 권한

가명화된 데이터 사용 사례의 또 다른 예를 살펴보자. 이 사용 사례에는 2차 목적뿐만 아니라 이러한 2차 목적에 대한 법적 권한도 있다. 즉, 데이터를 처리하는 이유가 원래 데이터를 수집한 이유와 다르다는 것이다. 일반적으로 데이터의 2차 사용을 생각할 때 익명화가 필요하다는 결론에 도달한다. 그러나 항상 그런 것은 아니므로 데이터 흐름과 법적 경계를 고려해야 한다(3.1.1절 '프로젝트 안전'에서 살펴봤다). 이 경우 데이터가 2차 목적인 경우에도 데이터를 수집하고 처리할 법적 권한을 가진 모자 등록부^{maternal-child registry} 주변의 상황을 검토한다.

온타리오주의 BORN ^{Better Outcomes Registry & Network} 시스템은 온타리오주의 모든 병원 및 가정 출산에 대한 데이터를 통합한다.[2] 이는 의료 서비스 제공을 개선하고 연구를 위해 만들어졌다. 이 사례 연구는 우리의 다른 책인 『Anonymizing Health Data ^{건강 데이터 익명화}』에서 제시했지만 데이터를 등록부에서 연구원의 손으로 가져오는 맥락에서 제시했다. 이 경우 데이터는 BORN 의 보호 환경을 벗어나 익명화된다. 이 절에서 우리 관심은 또 다른 측면, 즉 출생과 관련된 가명화된 데이터 수집에 집중되어 있다.

BORN은 온타리오주의 건강 개인 정보 보호 법률에 따라 규정된 등록부이므로 관련 개인 데이터를 수집할 수 있다. 데이터는 수동 데이터 입력, 건강 기록 시스템에서 자동 추출 및 업로드를 포함한 다양한 메커니즘을 통해 수집된다. 등록부에는 신생아와 산모의 건강에 대한 정보가 포함된다. BORN이 수집한 데이터에 기여하는 소스는 다음과 같다.

- 산전 선별 검사실
- 병원(분만, 출생 및 NICU 입원을 포함한 조기 신생아 치료 정보)
- 조산사 그룹(분만, 출생 및 조기 신생아 간호 정보)
- 산전 전문 클리닉(선천성 기형 정보)
- 신생아 선별 검사실
- 산전 검진 및 신생아 검진 후속 클리닉
- 불임클리닉

그러나 BORN이 수집한 개인 데이터는 가명이다. 등록부는 시간이 지남에 따라 어머니들을 추적할 수 없다는 점에서 단면으로 설계되었다. 한 어머니가 2009년에 아기를 낳고 2011년에 또 다른 아기를 낳는다면 그 어머니가 같은 어머니인지 확실히 알 수 없다. 이러한 종류의 데이터는 등록부 및 설문 조사에서 매우 일반적이다. 따라서 어머니의 이름이나 어떤 종류의 의료 식별 번호를 수집할 이유가 없다. 등록부 설계는 의도적으로 가명 정보를 수집하여 개인 정보를 강화시킨다.

---

2 BORN에 대한 자세한 내용은 웹사이트 https://www.bornontario.ca/en/index.aspx에서 확인할 수 있다.

BORN은 자신이 사용하는 가명 정보를 수집할 법적 권한이 있으며, 이 법률은 합리적인 보안 및 개인 정보 보호 관행을 통해 데이터를 적절하게 관리할 수 있도록 안전장치가 마련되어야 한다고 규정하고 있다. 데이터를 요청하는 연구자들은 승인 절차를 거쳐야 하며, 등록부는 이름이나 의료 식별 번호와 같은 직접적인 식별자를 수집하지 않기 때문에 연구자는 간접 식별자 및 임상 변수만 요청할 수 있다. 계약상의 의무는 연구원 조직과 합의하고, 수신된 데이터는 식별된 목적과 데이터가 사용될 환경의 맥락에서 익명화된다. 그러나 이는 우리가 현재 집중하고 있는 가명화된 수집물과는 다른 데이터 흐름이다.

> **CAUTION_** 우리는 건강관리에 특화된 가명화의 몇 가지 예를 제시했지만 적용 범위는 훨씬 더 광범위하다. 이게 확실했으면 좋겠다. 수집되고 사용되는 가장 민감한 데이터 중 하나이며, 식별 가능성을 줄이기 위한 개인 정보 보호 강화 접근 방식의 중요성을 독자가 이해하는 데 도움이 되기를 바라기 때문에 의료 사례를 사용한다. 유럽의 개인 정보 보호 규정에 가명 처리에 대한 법적 해석이 도입됨에 따라 그것의 적용은 더 큰 매력을 찾을 수 있을 것이다.

5.1.3 합법적 이익

가명화가 개인 데이터의 2차 사용을 지원하는 또 다른 분야를 언급할 가치가 있다. **합법적 이익** legitimate interests이라는 용어는 유럽의 개인 정보 보호 규정에서 유래했지만 개념적으로는 다른 관할권에도 적용된다. 기본 아이디어는 처리가 '필요한' 것으로 간주되고 데이터 주체의 이익, 권리 또는 자유를 능가하지 않을 때 원래 수집된 목적이 아닌 다른 목적으로 데이터를 처리할 수 있는 이유를 정당화하는 법적 논거를 제공하는 것이다. 균형 테스트는 종종 데이터 주체의 이익과 데이터 관리자의 이익을 고려하기 위해 설명되기 때문에 여기서 가중치 유추의 사용은 의도적이다.

> **TIP** 처리가 어떤 식으로든 사람들을 '깜짝 놀라게'하는 경우 합법적 이익(또는 관련 관할권에 따라 이와 동등한)의 근거를 사용하지 않도록 한다. 그것은 그들이 이해할 수 있어야 하고 설명하면 동의할 것이라고 합리적으로 기대할 수 있는 것이어야 한다. 이 작업은 관리 또는 규정 준수(예: 거버넌스 의무)에 필요한 현재 활동 또는 비즈니스의 핵심인 경우 수행하기가 더 쉽다. 또는 매우 가까운 미래에 처리가 도움이 될 경우 개인들이 합리적으로 예상할 수 있다는 전제하에 다시 한번 처리가 도움이 될 것이다. 그러나 처리가 필요하며 식별 가능성이 낮은 데이터를 사용하여 수행할 수 없음을 증명해야 한다.

이러한 맥락에서 가명화는 데이터 주체의 관련 개인 정보 보호 권리와 자유에 대한 위험을 줄이기 위해 사용되며, 따라서 합법적 이익에 의존하는 사례를 처리를 위한 기초로 지지한다. 그렇다고 가명 처리가 균형 테스트에서 고려되는 유일한 요소라는 것은 아니지만 데이터의 2차 사용에 대한 사례를 만드는 데 도움이 될 수 있는 한 가지 측면이다. 특히 앞서 설명한 가명화된 서비스의 경우와 같이 처리에 개인의 정확한 신원이 필요하지 않은 경우에 해당된다.

데이터 관리자에 의해 개인 데이터 처리가 필요하다고 간주되는 예를 살펴보자. 이 경우 개인(데이터 주체)에게 일종의 서비스를 제공하기 위해 개인 데이터를 수집하는 조직이 있다. 조직에서는 새로운 프리미엄 기능을 도입하려고 한다. 그들은 개인 데이터를 사용한 테스트가 데이터 수집의 원래 목적과 정확히 호환되지 않는다고 생각하지만 완전히 새롭고 다소 관련이 없는 기능이기 때문에 시장 테스트 결과 고객의 상당수는 이 새로운 프리미엄에 대해 추가 비용을 지불할 것으로 나타났다.

조직은 이미 가짜 데이터에 대한 새로운 기능을 테스트했지만 모든 것이 예상대로 작동하는지 확인하기 위해 이 기능을 생산 전 환경으로 이전하려고 한다. 이들은 개인에게 제공하는 서비스를 중단시킬 수 있으며, 심지어 프리미엄 계정에 가입하지 않은 사람들조차도 개인에게 제공하는 서비스에 지장을 줄 수 있기 때문에 개인 데이터를 사용하는 것이 필요하다고 생각한다(모든 사용자에게 무료 평가판을 제공하고자 한다). 대부분의 사용 사례를 테스트하고 모델을 구축하는 데 사용된 비개인 데이터가 적절했지만 사전에 생각하지 못한 극단적인 경우(알 수 없는 경우)가 있고 이러한 극단적인 경우가 서비스를 중단시킬 수 있다고 우려한다.

가명화는 최종 제작 전 테스트에 개인 데이터를 사용하는 것을 정당화하는 데 도움이 된다. 그들은 개인 데이터로 작업하기 위해 모든 일반적인 개인 정보 보호 및 보안 제어를 갖출 것이다. 엔지니어는 테스트가 필요한 직접 식별자의 요소가 있을 수 있으므로 마스킹 도구를 사용하여 원본 데이터에서 발견된 길이, 복잡성 및 다양성이 동일한 직접 식별자를 다시 생성할 수 있다. 직접 식별자가 마스킹되므로 데이터는 여전히 가명 처리된 것으로 간주되며 개인 데이터를 사용하더라도 개인 정보 보호 기능이 강화된다.

앞서 익명화를 고려하기 전에 직접 식별자가 제거되었다고 가정할 것이라고 했는데, 이는 데이터가 가명화된 것으로 가정한다는 것을 의미한다. 가명화된 데이터를 2차 목적으로 사용하거나 법적 권한을 부여받거나 정당한 이해관계 주장을 사용하는 것은 예외다. 우리는 식별 가능성 스펙트럼을 따라 바늘을 움직여야 한다. 고유성은 가명화부터 식별 가능성 정도에 따라 개인의 실제 군집화에 이르기까지 우리가 얻을 수 있는 전부다.

5.2 익명화의 첫 단계

우리는 가명화를 직접 식별자를 대체하거나 제거하고 간접 식별자(사용 사례에 따라 기밀 또는 대상 데이터, 비개인 데이터 포함)를 그대로 두는 것으로 설명했다. 이것은 식별 가능성 스펙트럼이라고 묘사한 데이터의 식별 가능성을 줄이는 첫 번째 단계다. 이제 우리는 이 스펙트럼을 따라 우리가 설명한 기본 가명화를 넘어 익명화 이전의 또 다른 요점을 소개하고자 한다. 우리는 이것을 **강력하게 가명화된 데이터**strongly pseudonymized data 라고 부를 것이다.[3]

강력하게 가명화된 데이터에 대한 아이디어는 유럽의 개인 정보 보호 규정에서 시작됐지만 실제로는 (표본 및 모집단) 고유성(2장 참조) 개념을 통한 노출 위험의 초기 측정으로 거슬러 올라간다. 유럽에서는 이를 선별singling out이라고 하며, 이는 데이터 주체의 정보가 자신에 대한 데이터가 수집된 모집단에서 고유하게 분리될 수 있음을 의미한다. 이것은 우리가 이미 설명한 취약점이며 가명화된 데이터 사용(따라서 개인 데이터로 취급)에 대한 우려의 기반을 형성한다.

우리는 두 종류의 간접 식별자(대중이 알 수 있는 것과 지인이 알 수 있는 것)를 도입했다는 것을 상기하라. 대중이 알 수 있는 간접 식별자는 정의상 재식별에 더 광범위하게 사용할 수 있기 때문에 가장 큰 위험을 나타낸다. 따라서 다음과 같이 두 종류의 가명화 등급을 정의할 수 있다.

기본 가명화

직접 식별자는 마스킹을 통해 교체되거나 제거되고, 재식별에 필요한 추가 정보는 별도로 보관되며 기술 및 관리(또는 조직) 통제를 받는다.

강력한 가명화

직접 식별자는 마스킹을 통해 교체되거나 제거되고, 대중이 알 수 있는 간접 식별자를 변환하여 대상 모집단에서 데이터 주체가 고유하지 않도록 하며, 필요한 경우 재식별에 필요한 추가 정보가 폐기되거나 별도로 보관되며 기술적, 관리적(또는 조직적) 통제의 적용을 받는다.

재식별에 필요한 추가 정보에 암호화키가 포함되는 경우 기본 가명화에서는 키를 적절하게 보관하고 처리해야 하며, 강력한 가명화에서는 2차 사용을 위한 법적 근거에 따라 프로세스를 되돌릴 수 없는 경우에는 키를 파기해야 한다. 이 마지막 지점은 미묘하다. 우리는 식별 가능성

---

3 강력한 가명화라는 용어는 마이크 힌츠(Mike Hintze)와 칼레드 엘 에맘의 「GDPR 하의 가명화와 익명화의 이점 비교」에서 만들어졌다. Journal of Data Protection & Privacy 2, no. 2 (2018): 145-158, https://oreil.ly/cA4zG

을 줄이기 위해 데이터를 변환하고 있다. 앞서 설명한 합법적인 이해관계와 같은 일부 사용 사례에서 강력한 가명화는 키가 파괴되지 않더라도 처리를 위한 법적 근거를 지원할 수 있다(즉, 가명화는 되돌릴 수 있음). 그러나 접근, 수정 및 이식성과 같은 특정 데이터 주체의 권리를 다루려는 의도인 경우 데이터 제목을 합리적으로 선택할 수 없기 때문에 이러한 의무를 이행하는 것은 불가능하다는 주장을 하기 위해 키를 파기해야 한다.

> **NOTE_** 강력한 가명화로 키가 파기되지만 데이터가 익명화되지는 않는다. 특히 대중이 알 수 있는 간접 식별자가 데이터 주체가 정의된 모집단에서 고유하지 않도록 변환되기 때문에 강력한 가명 데이터에 ID를 연결하는 것이 더 어렵다. 반대로 익명화에는 지인이 알 수 있는 간접 식별자도 포함된다.

대중이 알 수 있는 간접 식별자만 변환하고, 정의된 모집단에서 데이터 주체가 고유하지 않도록 변환하는 것은 합리성 주장 때문이다. 기본적으로 데이터 관리자는 특정 데이터 보호 의무를 준수할 목적으로만 추가 정보를 유지하거나 처리할 필요가 없다. 이 프로세스에 설명된 식별자만 특정 의무를 충족하도록 요청해야 하며 그렇지 않으면 이러한 요청을 충족하기 위한 요구 사항이 데이터 주체에 지나치게 부담이 된다. 그리고 신원 일치 프로세스가 신뢰할 수 있고 오인을 방지하는 것이 중요하다.[4]

[표 5-1]은 유럽의 개인 정보 보호 규정에 따른 의무를 설명한다. 이러한 결과를 산출한 법적 분석은 우리 범위를 벗어난다. 더 자세히 알고 싶다면 논문의 세부 사항을 참조하라. 이 표는 식별 가능성이 더 줄어들고 그에 따라 개인 정보가 더욱 강화되기 때문에 강력한 가명화가 기본 가명화보다 얼마나 장점이 있는지 보여준다. 조직은 기본적인 접근 방식을 넘어 개인 정보 보호를 강화하는 대가로 무언가를 얻는다.

표 5-1 데이터의 식별 가능성에 기반한 유럽의 GDPR에 따른 의무

의무	확인됨	기본 의사	강한 의사	익명화
데이터 주체에 대한 고지	필수	필수	필수	필요하지 않음
처리에 대한 법적 근거(적법한 이해관계, 동의)	필수	정당한 이익을 위한 더 강력한 사례	훨씬 더 강력한 케이스	필요하지 않음
데이터 주체 권리(접근, 이식성, 수정)	필수	필수	필요하지 않음	필요하지 않음
삭제할 권리 또는 잊힐 권리	필수	필수	필요하지 않을 수 있음	필요하지 않음

....

4 식별 가능성 스펙트럼에 따른 다른 요점은 마이크 힌츠의 「비식별화 렌즈를 통해 GDPR 보기: 규정 준수, 설명 및 일관성을 위한 도구」에 설명되어 있다. 국제 데이터 개인 정보 보호 법률 8, 1호 (2018년 2월 1일): 86-101. https://oreil.ly/imgwp

의무	확인됨	기본 의사	강한 의사	익명화
국경 간 이동의 근거	필수	필수	필수	필요하지 않음
설계에 의한 데이터 보호	필수	부분적으로 충족	요구 사항 충족 능력 강화	필요하지 않음
데이터 보안	필수	부분적으로 충족	요구 사항 충족 능력 강화	필요하지 않음
데이터 침해 알림	필수	요구될 가능성 적음	요구 사항 충족 능력 강화	필요하지 않음
데이터 보존 제한	필수	필수	필수	필요하지 않음
문서화 또는 기록 보관 의무	필수	필수	필수	필요하지 않음
공급업체 또는 히위 프로세서 관리	필수	필수	필수	필요하지 않음

이 모든 것의 요점은 강력한 가명화를 사용하면 기본 가명화보다 데이터를 대상 모집단의 개인에게 올바르게 귀속시키는 것이 더 어려워진다는 것이다. 이는 기본 가명 처리보다 개인 정보를 더욱 강화해 관할권에 상관없이 많은 이점을 제공한다. 데이터 주체와 사회에 좋은 것은 조직에도 좋을 수 있다. 그러나 기본적으로 개인 데이터에 대한 법적 개념에 강한 수식어를 붙였기 때문에 결과가 여전히 개인 데이터라는 사실을 잊지 말자.

표면적으로는 강력한 가명화 처리가 개인 데이터를 생성하지만 데이터 주체가 식별 가능한 기능의 하위 집합을 기반으로 두 개 이상의 그룹으로 군집화되도록 모집단 고유성을 제거해야 한다. 이는 데이터 주체를 위한 작은 단계이자 정의된 모집단을 위한 거대한 도약이다. 식별 가능성 스펙트럼을 따라 이 새로운 지점을 사용하여 2차 용도를 다시 살펴볼 수 있다.

5.3 1차 용도에서 2차 용도로 재검토

4.2절 '1차 용도에서 2차 용도로'에서는 식별된 데이터에서 시작하여 데이터를 익명화할 때 몇 가지 고려 사항을 살펴봤다. 완전한 익명화는 일반적으로 2차 용도의 맥락에서 적용되기 때문에 2차 용도로 이동하는 맥락에서 이 작업을 수행했다. 우리는 다음을 고려했다.

- 직접 식별자 처리: 기본 가명 데이터 생성에 대한 기술 및 고려 사항
- 간접 식별자 처리: 익명 데이터 생성 기술 및 고려 사항
- 식별되고 익명화된 데이터: 한 형태에서 다른 형태로 이동하거나 둘을 한 형태 또는 다른 형태로 혼합할 때 다양한 고려 사항

간접 식별자를 다룰 때 위험 기반 익명화의 요소를 요약했다(이전 장에서 식별 가능성과 파이브 세이프를 이미 다루었기 때문에). 개인을 가려내는 능력을 제거하기 위해 대중이 알 수 있는 간접 식별자를 변환하고 있기 때문에 이것은 강력한 가명화가 적합한 곳이다. 다시 말해 강력한 가명화는 의도적으로 바늘을 식별 가능성 스펙트럼을 따라 더 이동시켜 점진적으로 개인 정보를 강화하지만 반드시 익명화되는 지점까지는 아니다. 강력한 가명화를 사용하면 지인이 알 수 있는 간접 식별자는 고려되지 않는다.

> **NOTE_** 익명화된 데이터를 생성하기 위해 강력한 가명화 개념을 활용하는 파이프라인을 소개할 것이다. 그러나 이것은 다른 장의 주제가 될 것이다. 대신 이 장에서는 기본 가명화를 보다 일반적으로 활용할 수 있는 다른 방법에 초점을 맞출 것이다.

가명화된 데이터는 기본적이든 강력한 것이든 여전히 개인 정보이므로 앞 절에서 식별 및 익명화된 데이터와 관련하여 검토한 고려 사항을 계속 적용할 것이다. 즉, 앞 절에서 식별된 항목을 개인으로 대체할 수 있으며 우려 사항은 계속 남아 있다. 즉, 개인과 익명을 혼합하는 것은 신중한 평가가 필요하지만 이미 이 작업을 수행했으므로 기억이 나지 않는다면 앞 절로 돌아가서 다시 살펴보는 것이 좋다.

대신 가명화된 데이터에 대한 분석을 수행하고 가명화된 데이터에서 가짜 데이터 생성을 고려하는 다양한 옵션으로 시작하여 데이터 보호의 렌즈를 통해 볼 수 있는 다른 도구와 기술을 살펴볼 수 있다. 또한 생체 인식 식별자는 확장을 시도할 때 복잡성과 고유성 및 인프라 문제 측면에서 고유한 문제를 제기하므로 간략하게 고려할 것이다.

5.3.1 분석 플랫폼

연구 및 분석은 일반적으로 2차 사용의 전형적인 예다. 대부분의 경우 이러한 2차 사용은 데이터를 적절하게 익명화해야 한다. 개인 데이터를 사용할 법적 권한이 있는 경우에도 이 데이터는 (최소한) 가명화될 수 있고 또 그래야 한다. 한 단계 더 나아가 기본 데이터를 숨길 수 있는 분석 플랫폼을 사용하여 분석이 수행되는 원시 데이터를 공개하지 않고 분석 도구를 제공할 수도 있다. 그러나 기본 데이터를 숨긴다고 해서 데이터가 익명임을 의미하거나 결과가 신원 공개를 위한 수단을 제공하지 않을 수 있음을 의미하지는 않는다.

앞 장에서 언급했듯이 우리는 데이터를 추출할 목적으로만 생산 환경에서 시작할 가능성이 높으며 식별된 데이터에 대해서는 직접 작업하지 않을 가능성이 크다. 데이터의 주요 사용에 영향을 미치거나(즉, 데이터 주체에 제공되는 서비스에 영향을 미치고 싶기를 원함) 직접 식별자가 유출되는 최악의 경우는 절대 원치 않는다. 분석 플랫폼도 다르지 않다. 즉, 식별된 데이터에서 가져온 가명 데이터로 운영해야 하지만 플랫폼을 사용할 때 식별된 데이터에 직접적인 영향을 미치지는 않는다. 분석 결과는 식별된 데이터를 보완하는 필드로 다시 밀려날 수 있지만 분석적으로 생성된 내용이 유추되기 때문에 식별된 데이터를 직접 변경하거나 운영할 가능성은 거의 없다.

> **CAUTION_** 개인 데이터를 기반으로 운영하는 것은 우리가 인식해야 할 또 다른 과제를 제기한다. 분석은 개인 데이터에서 파생되기 때문에 일반적인 의미에서 시스템 전체가 익명화된 것으로 간주되지 않을 수 있다. 그 이유는 분석을 실행하려면 개인 데이터로 돌아가야 하는데 기본 개인 데이터 없이는 시스템이 존재할 수 없기 때문이다. 사용 사례에 따라 다음 절에서 합성 데이터를 설명하고 다음 장에서 익명화 파이프라인을 설명하겠지만 이러한 잠재적인 문제를 피하기 위한 다른 솔루션이 있을 수 있다.

원격 분석

개인 데이터를 기반으로 구축된 분석의 위험에 대한 학술 문헌이 있다.[5] 일부에서는 조직 외부의 누군가가 기본 데이터 자체에 대한 접근을 허용하지 않고 분석을 실행할 수 있도록 하는 원격 분석 시스템에서 이러한 문제를 해결하려고 시도했다. 식별된 위험은 생성되는 분석, 정확도, 통계 테스트 또는 추정기(예: 모델 적합성 검증) 측면에서 제한을 도입하여 관리된다.

단순한 선형 회귀(직선과 데이터 사이의 제곱오차가 최소화되도록 데이터에 선 맞추기)의 경우에도 예를 들어 지나치게 작은 데이터 샘플의 사용을 금지하고 표준 오차 0(또는 너무 작은)이 절대 발생하지 않도록 출력을 제한할 수 있다. 이는 오용될 수 있는 완벽한(또는 거의 완벽한) 적합을 나타낼 수 있기 때문이다. 회귀가 소수의 원주민 인구에 대한 성적 지향에 관한 것이고 선택 기준이 특정 연령 그룹으로 인구를 더 좁히는 데 사용된다고 가정하자. 선택한 프로필에 맞는 사람이 한 명뿐일 수 있기 때문에 이러한 조작으로 인해 원치 않는 속성이 표시되거나 유사 식별자가 포함된 경우 재식별이 발생할 수 있다.

---

5 크리스틴 오키프(Christine M. O'Keefe)와 제임스 치퍼필드(James O. Chipperfield)의 「완전 자동화된 원격 분석 시스템에 대한 공격 방법 및 기밀 보호 조치 요약」에서 이러한 위험에 대한 좋은 조사를 제공한다. 국제 통계 리뷰 81, 3호 (2013년 12월 1일): 426-55, https://oreil.ly/c5BKO

이러한 보다 정교한 시스템에서는 분석 결과에 유사하게 보이는 개인들로 구성된 충분히 큰 군집을 유지하기 위해 일반적으로 제한이 설정된다. 그러나 데이터에 대한 분석을 반복적으로 실행하면 결과가 달라져 더 작은 군집을 추출할 수 있기 때문에 위험할 수 있다.

카운트 쿼리^{count queries}를 사용하는 아주 간단한 예를 들어보자. 특정 경제 범위 내 지역에서 활동하는 35세에서 39세 사이에 얼마나 많은 사람이 있는지에 대한 요청을 가정해보자. 현재 9명이 있다. 또 다른 요청은 동일한 지역 및 경제 범위에서 활동하는 35세에서 40세 사이에 대해 실행되며, 현재 10명이 있다. 우리는 그 차이를 가지고 이제 40세의 한 개인을 위한 경제 범위를 가지게 되었다. 이제 해결책을 만들기 전에 이것이 이미 잘 조사되었다는 점을 명심해야 한다.

이러한 공격 및 기타 여러 유형의 공격을 시도하고 방지하는 방법은 많이 있다. 요점은 이러한 데이터가 존재하는지 확인하는 것이다. 따라서 표준 분석 플랫폼 자체로는 개인 데이터를 보호할 수 없다고 가정해야 한다. 오히려 신원 공개를 막기 위한 메커니즘을 통합하는 시스템이 필요하다.

안전한 연산

어떤 상황에서는 분석 목적으로 데이터에 접근하는 데 더 적합한 접근 방식은 분석을 실행하기 위해 기본 소스 데이터를 해독할 필요 없이 암호화된 데이터에 대한 분석 기능을 계산하는 안전한 연산^{secure computation}이다. 안전한 연산 프로토콜을 생성하기 위한 암호화 기본 요소 또는 빌딩 블록은 동형 암호화, 왜곡된 회로, 비밀 공유 또는 기타에서 나올 수 있으며, 각각 장단점이 있다.[6]

> **NOTE_** 일을 단순하게 유지하기 위해 **안전한 연산**이라는 용어로 거의 같은 목적을 수행하는 다양한 기술을 그룹화하고 있다. 학술 문헌에서는 여러 소스의 데이터를 안전하고 개인적으로 결합하는 프로토콜에 대해 **안전한 다자간 연산**^{secure multiparty computation}이라는 용어를 사용한다. 물론 그럴 수도 있지만 이 절에서 언급하고 있는 것은 꼭 그런 것은 아니다.

또한 이 접근 방식을 사용하면 여러 사이트에서 강력한 개인 정보 보호를 제공하면서 데이터를

---

6 이러한 방법 중 일부를 한 곳에서 설명하는 단일 리소스를 찾기는 어렵지만 자세한 내용은 소피아 야쿠보프(Sophia Yakoubov) 등의 「클라우드의 빅데이터 분석 보안을 위한 암호화 접근 방식 조사」에서 제공한다. IEEE 고성능 익스트림 컴퓨팅 컨퍼런스(HPEC) (2014): 1-6, https://oreil.ly/aIQYw

제공할 수 있다. 이러한 방식으로 데이터를 모을 수 있고 제공자는 자신의 입력 정보를 모르는 상태에서 분석 기능을 계산할 수 있다. 일반적으로 이러한 상황에서는 접근 방식이 안전하고 강력한 개인 정보 보호를 제공하기 위해 특정 데이터 공유 및 분석 프로토콜이 작성된다.

익명화에 대한 위험 기반 접근 방식을 고려할 때 안전한 연산은 '보호된' 가명 데이터로 공식화될 수 있다. 암호화는 사람이 직접 데이터로 작업하지 않는다는 점에서 '보호'를 보장한다. 대신 그들은 간접 식별자와 기밀 또는 대상 데이터에 대한 통계 결과만 본다. 소스 데이터는 안전한 연산을 위해 암호화로 보호되지만 앞에서 설명한 것처럼 일반적으로 원격 분석 시스템에 존재하는 몇 가지 문제를 해결할 필요가 있다.

이 기술을 사용하는 분석 플랫폼도 가능하지만 교차 분석 기능과 출력 자체에서 발생할 수 있는 잠재적인 취약성을 해결하기 위해 원격 분석 시스템과 유사하게 제한을 해야 한다. 비록 기술이 전문화된 하드웨어의 도입과 함께 계속 발전하고 있지만 암호화의 구성 요소를 통한 암호화 및 컴퓨팅의 추가 오버헤드 또한 상당한 연산 오버헤드를 유발할 수 있다. 따라서 안전한 연산은 연산을 정의하고 최적화한 다음 지속적으로 적용할 수 있기 때문에 지속적이고 체계적인 데이터 수집 및 분석이 있는 시나리오에 더 적합하다.

환경과 시스템 또는 사용자 요구 사항에 따라 분석 플랫폼을 선택하는 것이 적절하지 않을 수 있다. 분석가는 생성된 데이터와 결과를 이해하기 위해 작업 중인 데이터를 확인하고자 하는 경우가 많다. 데이터 보호 역할을 하는 분석 플랫폼은 사용자가 기본 데이터를 볼 수 없도록 하고 기본 데이터를 노출할 수 있는 특정 쿼리나 기능을 차단할 수 있다. 다른 옵션은 가짜 데이터를 사용하는 것일 수 있다.

5.3.2 합성 데이터

분석 플랫폼 사용과 관련된 공개 문제에 직면했을 때 살펴볼 가치가 있는 또 다른 접근 방식은 가짜 데이터다. 이 장의 앞부분에서 새로운 프리미엄 기능을 도입하려는 조직의 예를 통해 이를 설명했다. 가짜 데이터는 몇 가지 다른 것을 의미할 수 있지만 통계적 노출 제어 분야에서 꽤 오랫동안 존재해온 한 가지 접근 방식은 [그림 5-2]와 같이 데이터에 대한 모델을 구축하고[7] 해당 모델을 사용하여 새로운 데이터를 생성하는 것이다. 모델 자체는 학술 논문에서 가져온 것

---

[7] 이 주제에 관한 중요한 책은 외르크 드레흐슬러(Jörg Drechsler)의 『통계 노출 제어를 위한 합성 데이터셋: 이론과 구현(통계학 강의 노트)』(뉴욕: Springer-Verlag, 2011)이다. https://oreil.ly/8piBy

일 수 있지만 우리 맥락에서는 가명 데이터(이미지의 소스)에서 구축될 가능성이 더 크다. 모델을 따라 임의의 점을 가져와 가짜 데이터를 생성한다. 모델링이 더욱 강력해지고 자동화되고 사용 사례가 등장하면서 합성 데이터를 생성한다는 아이디어가 더 많은 주목을 받고 있다.

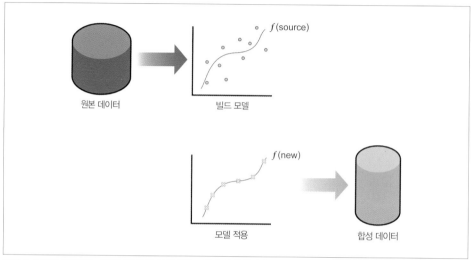

그림 5-2 합성 데이터는 실제 데이터에서 구축된 모델에서 생성된다.

통계적 노출 제어에 정의된 합성 데이터는 신원 공개에 대한 우려를 제기하지 않았다. 간접 식별자를 포함한 데이터는 모델에서 생성되기 때문에 합성 데이터는 모델이 파생된 개인 데이터를 재현할 수 없다고 생각한다. 그러나 문제는 합성 데이터라는 용어가 다음과 같이 원래 의도한 것과 다른 시스템에 적용될 수 있다는 것이다.

- 원본 데이터를 '과적합'하여 개인 데이터를 재생할 수 있는 시스템. 이는 모델이 원래 훈련 데이터와 충분히 다른 데이터를 생성할 수 있을 정도로 충분히 일반적이라는 것을 보장하기 위해 모델 적합성이 무시되거나 교차 검증 또는 부트스트래핑과 같은 방법이 사용되지 않는 딥러닝과 같은 분야의 발전을 포함한 자동화 시스템의 경우에 해당될 수 있다.
- 또는 어쩌면 더 나쁜 것은 합성 데이터라는 용어가 원래 구상된 의미의 모델이 아닌 시스템. 예를 들어 이상치 outlier를 제거하는 필터는 합성 데이터를 생성하는 모델로 간주되어서는 안 된다. 필터는 모델이 데이터에 과적합되지 않도록 하는 데 있어 중요한 다른 역할을 할 수 있다. 그러나 합성 데이터는 원본 데이터가 아닌 적절한 모델에서 파생되어야 한다.

따라서 합성 데이터를 생성하는 데 사용되는 모델은 원본 데이터의 일부 구조만 캡처해야 한다. 모델이 얼마나 정확해야 하는지와 합성 데이터가 원본 데이터에 얼마나 근접해야 하는지 간에 균형을 맞추는 작업이 있다. 이는 데이터 유틸리티와 데이터 개인 정보 보호 사이의 전형적인 절충안이다. 제대로 수행되면 합성 데이터는 원본 데이터의 충분한 통계적 속성을 유지하며 식별이 불가능하다.[8]

일반적으로 세 가지 유형의 합성 데이터가 있다.

완전 합성 데이터

간접적으로 식별하거나 식별하지 않는 모든 데이터는 모델에서 합성적으로 생성된다. 이 것은 우리가 앞에서 암시적으로 설명한 것이다.

부분 합성 데이터

전통적으로 기밀로 간주되는 비식별 데이터는 모델에서 일부 데이터만 생성되며 나머지는 원래 값을 유지하거나 데이터 식별의 경우 익명화될 수 있다. 식별 데이터가 익명화되지 않은 경우 수반되는 비식별 데이터는 합성되기 때문에 재식별시 학습할 수 있는 내용에 제한이 있다. 그러나 이것은 아마도 합성 데이터가 여전히 무언가를 학습할 수 있는 어느 정도의 효용성을 가지고 있기 때문에 개인 정보 보호 전문가의 눈살을 찌푸리게 할 것이다. 익명화된 데이터를 생성하려는 의도가 있는 경우 데이터 보호 또는 개인 정보 보호 규제 기관에 식별 가능 데이터와 합성 데이터의 조합을 사용하는 것을 정당화하기 어려울 것이다.

하이브리드 합성 데이터

일부 레코드는 모델에서 생성되고 일부 원본 레코드가 혼합된다. 하이브리드 합성 데이터가 개인적이지 않은 것으로 간주될지는 명확하지 않다. 원본 데이터가 혼합되어 있으면 신

---

8 칼레드 엘 에맘과 리차드 홉트로프(Richard Hoptroff)의 「데이터 사용 및 공유를 위한 합성 데이터 패러다임」에 요약되어 있다. Executive Update, Data Analytics & Digital Technologies, Cutter Consortium(2019), https://oreil.ly/_-YNi

원이 공개될 가능성이 있다. 원본 데이터의 비율이 매우 낮은 경우에만 일반 시야에 숨기기 위한 논쟁이 가능할 수 있다.

합성 데이터는 데이터 유틸리티가 주요 관심사가 아닌 경우, 데이터를 매우 광범위하게 공유해야 하는 경우, 계약에 서명하고 안전한 환경을 설정하는 데 오버헤드가 높은 경우에 적합할 수 있다. 이는 본질적으로 더 탐구적인 분석과 비개인적 데이터의 빠른 생성이 필요한 경우에 적용될 것이다. 분석 결과에 초점을 두지 않는 사용 사례에는 다음 사항이 포함될 수 있다(알파벳순으로 나열됨).

알고리즘 개발

최근 인공지능과 머신러닝의 많은 발전에는 충분히 다양하고 현실적인 대규모 데이터 풀에 대한 교육 및 테스트가 필요한 알고리즘이 포함되어 있다. 이러한 알고리즘은 합성 데이터에서 개발한 다음 실제 데이터에서 실행하기 위해 데이터 관리자에 제출될 수 있다. 이렇게 하면 데이터 자체를 공유하지 않고 검증된 코드를 데이터로 가져온다.

데이터 탐색

데이터 사용을 극대화하려는 조직은 잠재적 사용자가 탐색 및 초기 평가에 사용할 수 있는 합성 버전을 만들 수 있다. 탐색에서 긍정적인 결과가 나오면 사용자는 익명화된 데이터에 대한 접근 권한을 얻기 위한 프로세스를 거칠 수 있다. 원하는 분석에 소수의 변수만 필요한 경우 합성 데이터를 실제 데이터에 대한 프록시로 사용하고 거의 동일한 결과를 생성할 수도 있다.

해커톤, 데이터 대회, 교육 및 훈련

이를 위해서는 사용자에 대한 최소한의 요구로 널리 배포될 수 있는 데이터가 필요하다. 초점은 대규모 사용자 풀에 대한 아이디어화 및 실험에 있다. 이는 또한 데이터 분석 및 소프트웨어 교육에 대한 실무 과정을 가르치는 데 적합하다는 것을 의미한다.

열린 데이터

개인 정보 보호 문제로 인해 복잡한 데이터를 공개적으로 공유하는 것은 어려운 일이다. 합성 데이터를 생성하는 적절한 접근 방식은 개인 정보 보호에 민감한 영역에서 탐색할 수 있는 새로운 기회를 제공할 수 있으며, 그렇지 않으면 사용할 수 없는 탐색을 위한 데이터 공유에 관심이 있는 경우다.

개념 증명 및 기술 평가

신기술이 실제로 잘 작동하는지 신속하게 평가하려면 최소한의 제약 조건으로 현실적인 데이터가 필요하다.

소프트웨어 테스트

데이터 기반 애플리케이션을 테스트하려면 기능 및 성능 테스트를 위한 현실적인 데이터가 필요하다. 임의의 데이터는 시스템이 운영되기 시작할 때 발생할 일을 그대로 보여줄 수 없다. 합성 데이터는 모델에서 생성되기 때문에 일반적인 테스트에는 적합하지만 최종 생신 전 테스트에는 충분히 정확하지 않을 수 있다.

이미 경고했듯이 데이터가 실제로 합성되고 개인 데이터를 복제하지 않도록 하려면 합성 데이터를 생성하기 위한 개인 정보 보호 모델이 여전히 필요할 것이다. 학술 문헌에서의 인기를 고려할 때 다음 절에서 그러한 모델 중 하나를 고려한다.

차등 개인 정보 보호

합성 데이터 영역에서 많은 관심을 받은 모델 중 하나는 차등 개인 정보 보호며, 이는 그것이 제공하는 수학적 보증 때문이다.[9] 차등 개인 정보 보호에서 개인 정보 보호의 '모델'은 [그림 5-3]과 같이 개인이 계산에 기여했는지 여부를 구별할 수 있는 확률에 기반한다. 예를 들어 고분자 나노 기술을 전문으로 하는 항공 우주 엔지니어의 총 수를 생각해보자. 그러한 엔지니어가 12명이라 가정하자. 따라서 정확한 수는 12명이다. 이 엔지니어 중 한 명을 빼면 11명이 된다. 차등 개인 정보 보호에서는 실제 수를 숨기기 위해 노이즈가 추가된다. 아마도 우리는 11을 셀 수도 있고 14를 셀 수도 있다. 그것은 모두 개인 정보 보호를 보장하면서도 여전히 유용한 결과를 얻을 수 있는 적절한 노이즈의 양에 달려 있다.

---

9 자세한 내용은 신시아 드워크(Cynthia Dwork)와 아론 로스(Aaron Roth)의 차등 개인 정보 알고리즘 기초,를 참조하라. 이론 컴퓨터 과학의 기초 및 동향 9, 3-4호(2014년 8월 11일): 211-407, https://oreil.ly/Cr25Z

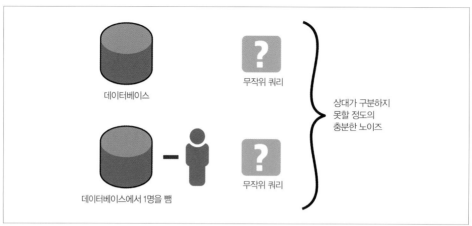

그림 5-3 개념적으로 차등 개인 정보 보호는 원본 데이터베이스와 한 사람이 제거된 다른 버전의 차이를 구분할 수 없을 정도로 충분한 노이즈를 추가한다.

개인이 계산에 기여했는지 여부를 얼마나 근접하게 알 수 있는지는 **개인 정보 보호 예산**$^{\text{privacy budget}}$ 이라고 하는 조정 가능한 노브^{knob}(매개변수 ε)에 의해 결정된다. 개인 정보 보호 예산은 소스 데이터에 대해 작동하는 기능의 출력 분포와 한 사람이 제거될 때 출력 분포 사이의 확률 비율에 대한 제한이며 세부 사항은 우리 목적에서 벗어난다. 노브를 너무 높게 돌리면(매우 큰 ε) 노이즈가 거의 추가되지 않고(개인 정보 보호가 적고 데이터가 더 유용함), 노브를 너무 낮게(매우 작은 ε) 돌리면 많은 노이즈가 추가된다(개인 정보 보호가 증가하고 데이터가 덜 유용함). 데이터에서 정보를 가져오려는 각 시도는 추적되고 개인 정보 보호 예산과 비교되므로 결국 예산이 소진되어 데이터에서 추가 정보를 가져올 수 없다.

이 개인 정보 보호 모델의 핵심은 데이터에서 누군가를 식별할 수 있는지 여부에 대해 아무런 정보도 제공하지 않는다는 점이다. 그러나 개인에 대한 학습 속성(식별할 필요 없음)에 대한 보호 기능을 제공하므로 합성 데이터 생성에 따라 분류되었다. 차등 개인 정보 보호가 신원 노출로부터 보호하는 모델과 동일할 수 있음을 보여주는 몇 가지 연구가 있다(여기서 신경 쓸 필요가 없다는 일련의 가정 하에서). 이를 위해서는 개인 정보 보호 모델을 결합해야 하며 활발한 연구 분야다.

CAUTION_ 차등 개인 정보 보호를 사용하는 시스템에는 실질적인 고려 사항이 있다. 한 가지 고려 사항은 적절한 개인 정보 보호 예산을 결정할 필요성이다. 동일한 개인 정보 보호 예산에 대해 제공되는 보호 기능은 데이터마다 다르므로 매개변수를 설정하기 더 어렵다. 또 다른 고려 사항은 개인 정보 보호 예산을 추적하고 소진하는 것이다. 개인 정보 보호 예산이 무시되거나 재설정되면 차등 개인 정보 보호에 의해 제공되는 보장은 의미가 없다. 합성 데이터의 경우 후자의 고려 사항은 단일 데이터셋에 대한 문제가 아닐 수 있지만 동일한 기반 모집단에서 여러 개의 데이터가 유출된 경우 문제가 될 수 있다.

차등 개인 정보 보호의 정의를 충족하는 것은 개인 정보 보호 예산에 달려 있음을 명심하라. 노브를 너무 높게(매우 큰 ε) 돌리면 개인이 계산에 기여했는지 여부를 알 수 있는 확률이 1에 매우 가깝기 때문에 '차별적으로 비공개'인 것이 무의미해진다. 즉, 거의 완벽하게 구별할 수 있음을 의미한다. 어떤 경우에는 계산에 영향을 미치지 않아 의미 없는 보증을 제공하는 경우도 있다. 노브를 너무 낮게(매우 작은 ε) 돌리면 개인이 계산에 기여했는지 여부를 알 수 없지만 너무 많은 노이즈가 추가되기 때문에 유용한 결과를 얻을 가능성도 거의 없다. 하지만 사용 사례에 따라 합성 데이터의 경우 완벽할 수 있다.

사실 차등 개인 정보 보호에는 많은 변형이 있으며 기본 정의가 상대방에게 무한한 자원과 시간이 있다는 강력한 가정을 하기 때문에 실제로 개인 정보 보호를 더 유용하게 만들기 위해 시도한다. 이러한 변형에는 일반적으로 추가 매개변수가 포함되며, 특히 이러한 매개변수를 설정하기 위한 표준이 없기 때문에 사용 방법이 더욱 복잡해진다. 그러나 이러한 것들은 또한 기회의 틀이 될 수 있다.

이러한 모든 옵션, 분석 플랫폼 또는 합성 데이터에는 배포 및 사용과 관련된 실질적인 문제가 있다. 상당히 까다로운 것으로 증명될 수 있고 확장할 수 있는 실용적인 솔루션의 필요성을 보여주는 가명화된 데이터 클래스가 하나 있는데, 이는 다음에 고려할 사항이다.

5.3.3 생체 인식 식별자

얼굴 이미지, 손가락 및 음성 스캔, 기타 다양한 생체 데이터가 점점 더 생체 인식 식별자로 간주되고 있다. 이들 중 일부는 데이터에서 사람을 볼 수 있기 때문에(얼굴 이미지의 경우와 같이) 명백하고, 다른 일부는 일상생활에서 이러한 기술에 대해 듣거나 사용하는 데 익숙해졌기 때문에(예: 손가락과 음성 스캔의 경우) 명백하다. 심지어 DNA 서열조차도 뉴스에서 화제가

되고 있는데, 사법 당국이 잠재적 범죄자를 가려내기 위해 샘플을 사용하고 최근에 용의자를 가리키는 가족 관계를 찾기 위해 족보 데이터베이스를 사용하기 시작했기 때문이다.[10]

일부 생체 인식 식별자는 쉽게 사용할 수 있기 때문에 직접 식별자로 간주될 수 있다. 우리는 누군가의 얼굴 이미지를 쉽게 보고 비교하여 신원을 확인할 수 있다. 우리는 매일 운전 면허증 등으로 이 일을 한다. 또한 일치하는 이름을 가진 이미지의 온라인 및 공개(또는 반공개) 데이터베이스가 많이 있다(예: 소셜 미디어).

다른 생체 인식 식별자는 게놈 서열의 조각과 같이 덜 명확하고 가명 데이터(여전히 개인 데이터임)로 생각할 수 있다. 이는 쉽게 구할 수 없는 생체 인식(비얼굴) 이미지 및 신호이며 데이터베이스를 해독하고 일치시키는 데 전문 기술이 필요하다. 이러한 데이터베이스는 적용 범위와 접근이 제한된다. 이것은 물론 변화하고 있으며 개인 정보 보호 법률 및 규정에서 '합리적'의 핵심이다. 그러나 연구자를 법 집행과 혼동해서는 안 된다. 법 집행은 정의된 법적 상황에서 더 많은 자원과 접근 권한을 갖기 때문이다(비록 기회와 규모를 보여줄 수 있지만).

> **CAUTION_** 특정 생체의학 이미지와 신호, 특히 식별자에 존재하는 고유성을 활용하기 위해 새로운 기술이 등장하고 있으며, 이는 개인에게 보다 새롭고 효과적인 치료법을 제공하려는 의료 분야에서 새로운 도전을 제기한다. 증거 기반 통찰력 및 개발을 추진하기 위해 관련 데이터에 접근하지 못하면 혁신이 제한될 것이다. 이 데이터에 안전하게 접근하고 사용하려면 개인 정보 보호 기술이 필요하다.

일부 관할 구역에서는 적절하고 실용적인 개인 정보 보호 기술이 부족하여 규제 기관에서 위험 기반 접근 방식에 따른 연구와 같은 2차 목적으로 생체 의학 식별자를 사용할 수 있게 되었으며, 이 경우 적절한 개인 정보 보호 및 보안 통제가 연결 및 재식별화로 인한 위험의 일부를 상쇄하기 위해 사용된다. 다시 말해 이것은 위험이 더 실용적이고 솔루션이 발전하고 더 쉽게 사용할 수 있게 됨에 따라 어느 정도의 유연성을 제공하는 개인 정보 보호 법률 및 규정의 합리성이다. 그러나 과거 구현보다 훨씬 더 잘 확장할 수 있는 새로운 방법이 등장하고 있다.

게놈 데이터의 안전한 계산

개인의 전체 게놈 염기 서열은 독특하고 매우 길고 복잡하다(예: 인간 게놈에는 30억 개 이상

---

10 예를 들어 첼시 화이트(Chelsea Whyte)의 「경찰은 이제 범죄자를 찾기 위해 수백만 명 이상의 DNA를 사용할 수 있다」를 참조하라. NewScientist (2018년 10월 11일), https://oreil.ly/fKroy

의 염기쌍이 있음). 이는 개인 정보 보호 강화 방식으로 데이터를 계산하는 데 실질적인 효과가 있음을 의미한다.[11] 이는 정밀 의학에 대한 관심을 고려할 때 발전 가능성이 무르익은 분야로 개인의 게놈 구성에 따라 치료법이 맞춤화된다는 의미다. 게놈 데이터를 보호하기 위한 현재의 접근 방식을 두 가지 진영으로 요약할 수 있다.

프로세스 제어

게놈 데이터를 보호하기 위한 대부분의 실제 구현은 관리 제어에 중점을 두었다. 이는 데이터가 여전히 개인적이며 비게놈 식별자(예: 이름, 주소)가 제거되기 때문에 게놈 데이터를 다른 익명 데이터에 연결할 수 없음을 의미한다. 데이터 손실 또는 도난 사고는 개인 정보의 유실을 의미한다.

암호화 프로토콜

게놈 데이터를 분석하는 문제에 안전한 계산 기술을 도입하려는 몇 가지 훌륭한 학술 연구가 있었다. 일반적으로 이러한 접근 방식은 개인 정보를 보호하기 위해 데이터에 대한 사용 가능한 작업을 제한함으로써 연구 효용성을 제한하고 게놈 서열에 대해 계산적으로 다루기 어렵다.

게놈 서열은 매우 상세하며 의미 있는 결과를 산출할 샘플을 분석하려면 상당한 컴퓨팅 성능이 필요하다. 적절한 수의 인간 게놈 서열을 계산하는 데 말 그대로 수년이 걸리는 연구 프로토콜을 고안하는 것은 어렵지 않다. 최근까지 매우 구체적인 분석이나 사용 사례가 제한된 파일럿 연구만 시도되었다.

대규모 게놈 서열 분석을 가능하게 하는 한 가지 중요한 돌파구는 토큰화, 즉 게놈 서열의 변이를 실젯값이나 의미가 없는 토큰으로 대체하는 것이다. 토큰은 안전한 토큰화 시스템을 통한 변이에 지나지 않는다.[12] 이 프로세스는 몇 가지 간단한 단계로 설명할 수 있다.

- 개인의 정렬되지 않은 염기 서열이 잡음처럼 보이도록 각 유전자 변이를 토큰으로 교체한다.
- 토큰화된 데이터를 사용하여 관심 변이와 결과 간의 상관관계를 분석한다.
- 출력물에 최소한의 대표 개인이 있는 경우 집계 결과를 비토큰화한다.

----

11 기술과 제한 사항은 보니 버거(Bonnie Berger)와 조형훈의 「게놈 데이터 공유에서 개인 정보 보호 강화를 위한 새로운 기술」에 요약되어 있다. Genome Biology 20, no. 1 (2019): 128, https://oreil.ly/6A_-y

12 상용 솔루션은 「개인 정보 보호 중 게놈 데이터 잠금 해제」에 설명되어 있다. IQVIA, 2020년 3월 28일, https://oreil.ly/CyCIP

이러한 접근 방식을 사용하면 데이터 해상도가 유지되고 데이터에 주석을 달고 변이 유형별로 분류할 수 있다. 또한 연결 토큰을 다른 익명 데이터와 함께 사용할 수 있다. 그 결과 기관들은 개인 정보 보호 및 경쟁 문제가 해결되기 때문에 데이터를 공유할 수 있으며, 개인 정보 보호를 강화하면서 대부분의 게놈 연구를 수행할 수 있다. 즉, 개인 정보 보호와 연구 사이의 격차를 실질적으로 해결하고 연결하는 데 도움이 된다.

5.4 마치며

가명화된 데이터는 여전히 개인 정보지만 이 데이터를 처리할 때 데이터 보호 및 개인 정보 보호를 구축할 수 있는 다양한 기회가 있다. 법과 규정은 일반적으로 식별하기 어려운 데이터의 사용을 선호하며 경우에 따라 권장하기도 한다. 이는 규제 환경의 긍정적인 발전이며 조직은 언제 어디서나 가능한 한 개인 데이터를 처리하는 데 최대한 활용해야 한다. 공개되는 내용을 제한하고 개인 데이터를 취급함에 있어 신중한 접근 방식을 취하고 있음을 규제 기관 및 데이터 주체에 보여줌으로써 사고의 영향을 줄이는 데 도움이 될 것이다.

그러나 이야기는 여기서 끝나지 않는다. 가장 기본적인 형태의 가명화된 데이터는 할 수 있는 최소한의 것이다. 가명화된 데이터 처리로 인한 잠재적 공개를 줄이기 위해 추가 조치를 취할 수 있다. 가명화된 데이터에 익명화된 데이터의 개념을 도입하여 데이터의 식별 가능성을 떨어뜨려 개인 정보 보호를 강화할 수도 있다. 데이터가 개인 정보로 유지되는 경우에도 추가적인 익명화를 장려하기 위한 이점이 있으며 경우에 따라 규제가 추가되거나 예외가 있다. 법률이나 규정에서 이러한 조치를 예상하지 못한 경우에도 추가적인 보호는 사고의 영향을 더욱 감소시킨다는 것을 의미한다. 이는 규제 기관과 데이터 주체의 지원이 확대됨을 의미한다.

가명화된 데이터는 식별 가능성을 줄이기 위한 여정을 시작하는 곳이며 다음 장에서는 지금까지 소개한 개념을 사용하여 식별 가능성의 전체 스펙트럼을 활용하는 방법을 살펴볼 것이다. 익명화는 식별된 방식에서 익명화된 방식에 이르기까지(스펙트럼 전체에 걸쳐 데이터 작업에 대한 다양한 고려 사항과 함께) 데이터를 전달하는 것처럼 전통적인 방식으로 살펴보는 것으로 시작했다. 다음 장에서는 익명화된 데이터를 수집 지점으로 가져오거나 사용하는 관점에서 생각해볼 것이다.

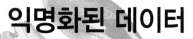

CHAPTER 6

익명화된 데이터

개인 데이터의 데이터 관리자는 식별되거나 가명화되었든 간에 데이터 또는 분석 결과를 책임감 있게 공유할 수 있는 옵션을 가지고 있다. 가장 적합한 접근 방식을 결정하려면 욕구와 필요를 평가해야 하며 사용 사례에 따라 복잡할 수 있다. 우리는 이러한 계획을 추진하는 데 도움이 되는 개인 정보 보호 공학 및 요구 사항 공학의 개념을 포함하여 고려할 수 있는 많은 도구와 옵션을 제공했다.

그러나 익명화 파이프라인의 설계 및 개발을 주도하는 것은 데이터 관리자가 아니라 데이터로부터 혁신을 추구하는 파트너다. 데이터 관리자는 이 파트너로부터 받는 제품 및 서비스에 추가된 새로운 통찰력이나 기능을 통해 또는 파이프라인의 기술 또는 출력에 접근함으로써 보상을 받을 수 있다. 어느 쪽이든 양측은 익명화가 적절하게 수행되었는지 확인하기 원할 것이다.

이전 장에서는 식별된 데이터와 가명화된 데이터를 고려했다. 따라서 데이터가 데이터 관리자에 의해 전달되는 것처럼 식별된 파이프라인에서 익명화된 파이프라인을 구축하는 것은 자연스러워 보이며 이 장에서 이를 고려할 것이다. 데이터를 받는 사람이 파이프라인을 통해 데이터를 가져오는 것처럼 다른 방향에서 생각해보면 익명화된 데이터를 생성하기 위한 새로운 통찰력과 방법을 실제로 제공할 수 있는 관점을 소개하고 그것도 고려할 것이다.

6.1 식별 가능성 스펙트럼 재검토

2장에서 처음 소개한 개념인 식별 가능성 스펙트럼을 식별된 것(데이터 주체의 이름과 주소로)에서 익명화(데이터 주체가 유사하게 보이는 개인으로 묶인 것)까지 개념을 다시 살펴보는 것부터 시작하겠다. 이제 이 스펙트럼을 따라 네 가지 가능한 단계를 고려할 수 있다. 각 구축은 맨 마지막 단계고 식별 가능성을 줄여야 할 필요성에 의해 추진되는 변환(최고에서 최저까지)을 고려할 수 있다.

직접 식별자

데이터 주체와의 직접적인 상호 작용을 지원하기 위해 이름, 주소 및 기타 직접 식별 정보에는 변환이 적용되지 않는다(접근 제어를 통해 의도한 목적대로 관련 정보만 이용할 수 있도록 보장할 수 있음).

직접 식별자 변환

데이터 주체와 직접적인 상호 작용이 없는 가명화된 서비스를 지원하기 위해 직접 식별자는 가역적인 방식으로 변환된다(프로세스를 되돌리기 위한 키가 보호되고 승인된 목적으로만 접근 가능하거나 폐기된다).

간접 식별자 변환(공개)

고정된 인구통계와 같이 대중이 알 수 있는 정보를 기반으로 데이터 주체를 선별할 수 있는 기능을 제거한다, 이는 가장 광범위하게 이용 가능하므로 재식별의 위험이 가장 크다.

간접 식별자 변환(지인)

데이터 공유의 맥락에서 지인이 알 수 있는 정보를 기반으로 재식별하는 기능을 제거하는 것이다. 여기에 있는 정보는 이전 식별자에 적합한 세분화 수준을 결정하는 데 사용될 수도 있다.

[그림 6-1]은 이러한 단계를 보여준다. 일종의 익명화 단계다. 이것은 기본적인 가명화에서 익명화에 이르는 범위에 다른 단계가 있을 수 없다는 말은 아니다. 미래의 개선과 혁신을 위한 여지를 남기고 싶을 뿐이다. 그러나 이러한 단계는 법률 및 규정의 실질적인 고려와 영향에 기초하여 존재한다(물론 해석은 바뀔 수 있다).

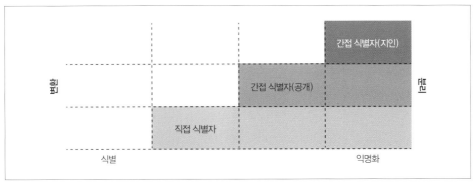

그림 6-1 익명화이 계단은 실제 단계와 식별 가능한 속성의 변환을 보여주며 데이터 주체와 데이터(결국 익명화의 목적) 간의 분리를 증가시킨다.

물론 데이터 익명화는 단순히 간접 식별자를 '변환'하는 것 이상의 의미가 있다. 변환은 식별 가능성의 측정을 의미 있게 변경해야 한다. 지금 고려해야 할 식별자와 관련되거나 연관된 정보 범주도 있는데 지금부터 이 작업을 수행해보자.

6.1.1 연결하기

데이터 구조(2.3.3절 '데이터 구조' 참조)가 복잡할수록 식별 가능성의 측정이 더 복잡해진다. 즉, 이러한 데이터 변환은 데이터 구조와 관련된 식별 가능성 측정을 처리해야 한다. 더 중요한 것은 데이터의 상관 구조와 연결이 제대로 설명되지 않으면 식별 정보가 간접적으로 누출될 수 있다는 점을 이해하는 것이다.

상관관계가 높은 변수는 거의 같은 정보를 다루므로 그룹에서 식별 가능성 측정을 주도하는 가장 식별 가능한 변수를 사용하여 그룹화할 수 있다. 그러나 일반화 또는 억제와 같이 식별 가능성을 줄이는 데 필요한 데이터 변환은 그룹 내의 모든 변수에 전파되어야 한다.

서비스 날짜와 컴퓨터 로그 날짜를 사용하라. 이는 클라이언트의 기록이 수정된 일부 항목을 제외하고는 일반적으로 동일하다. 로그 날짜를 변경하지 않고 서비스 날짜를 변경하는 것은 로그 날짜를 통해 원래 날짜를 계속 사용할 수 있음을 의미한다. 이런! 오히려 동일한 방식으로 서비스 날짜와 로그 날짜를 함께 변경해야 한다.

TIP 날짜와 관련하여 이전 책에서 자세히 설명한 바와 같이 원하는 수준의 유용성을 유지하기 위해 연결되면 날짜를 변환하는 또 다른 접근 방식이 있다.[1] 일반화 구간 내에서 임의의 날짜를 일반화하고 선택하는 것은 횡단면 데이터에 적용된다. 종단면 또는 시계열 데이터의 경우에는 날짜 이동 방식이 더 적합하다. 식별 가능성을 얼마나 줄여야 하는지에 따라 날짜 순서^{sequence}를 시작 값을 0으로 맞추고 순서에 임의의 값을 추가함으로써 이동을 달성할 수 있다. 또는 순서에서 날짜 사이의 간격이 아코디언과 같이 무작위로 지정되어 보호 수준을 높일 수 있다.

식별 정보가 누출될 수 있다고 알려진 변수나 필드가 많은 경우 데이터 변환을 전파하기 위해 변수를 연결하는 것은 어려울 수 있다. 어떤 경우에는 **누출률**$^{leak\ rate}$을 계산하여 간접적으로 식별하는 정보의 누출이 실질적으로 의미가 있는지 판단하여 특별한 처리를 해야 할 수도 있다. 실질적으로 의미가 있다는 것은 식별 가능성 측정에 의미 있는 영향을 미친다는 의미다. 예를 들어 0.1%의 변화는 통계적으로나 실질적으로 의미가 없을 수 있으므로 노력할 가치가 없으며 다른 곳에서 보상될 수 있다. 누출은 또한 상대방이 누출을 악용할 수 있거나 사용할 가능성이 얼마나 되는지와 그 영향에 대한 관점에서도 이루어져야 한다.

데이터 변환을 다른 곳에서 상관관계 또는 연결이 더 적은 간접 식별자로 '재조정'하여 작업을 단순화하는 것도 가능하다. 이것은 식별 가능성에 대한 통계적 측정을 통해 데이터 변환을 유도할 수 있는 장점이다. 간접 식별자가 모두 동일하게 생성되는 것은 아니다. 일부는 다른 변수와 더 많거나 적게 연결되고 식별 가능성에 다소 영향을 미친다. 궁극적으로 이것은 가장 필요한 곳에서 데이터의 유용성을 유지하면서 노력을 최소화하고 데이터 변환을 최소화하는 최적화 연습이다.

이러한 연결된 변수가 처리된다고 가정하고 대신 데이터의 간접 식별자에 주의를 집중할 수 있다. 우리가 고려할 첫 번째 사항은 소스에서의 보다 일반적인 익명 처리다.

6.2 소스에서 익명 처리

데이터가 익명으로 처리되는 '소스'는 개인 데이터의 데이터 관리자이거나 데이터 관리자의 확장 역할을 하는 파트너(데이터 관리자를 대신하여 동일한 법률 하에 처리자 또는 회사 동료)일 수도 있다. 즉, 개인 데이터와 익명 데이터는 이 파이프라인에서 동일한 법 아래에 존재한다.

----

1 엘 에맘과 아버클의 「건강 데이터 익명화: 사례 연구 및 시작 방법」의 5장 참조

우리는 3장에서 익명화의 파이브 세이프를 논의했으므로 여기서 그 세부 사항을 다시 설명하지 않겠다. 대신 익명화 과정에서 데이터의 변환과 고려 사항만 살펴볼 것이다. 필요한 것으로 간주되는 데이터 필드는 이미 포함되어 있다고 가정하고 필요하지 않은 다른 필드는 모두 제거하면서 요구 사항의 평가보다는 데이터 변환에 중점을 둔다.

식별된 데이터 마스킹

토큰, 가명 또는 가짜 데이터로 변환된 필드 또는 변환을 삭제하여 직접 식별되는 요소를 제거한다. 이것은 기본적인 가명화다.

개인을 선별하는 기능 제거

공개적으로 알려진 요소를 기반으로 하는 고유성은 데이터 변환을 통해 제거된다.

- 여기에는 필드를 덜 세분화된 자체 버전(예: 생년월일에서 출생년도로 변경)으로 변경하기 위해 글로벌 레코딩global recoding으로 알려진 매크로 수준 변환macro-level transformation을 포함할 수 있다.
- 또는 로컬 레코딩local recoding으로 알려진 마이크로 수준 변환micro-level transformation은 더 적은 세분화를 요구하는 데이터만 변경한다(예: 고유한 데이터 주체의 생년월일을 출생년도로 변경하고 날짜 형식을 유지하기 위해 해당 연도 범위 내에서 무작위화).

위협 평가 수행

사람과 설정이 데이터의 식별 가능성을 결정하는 방법을 이해한다. 이것이 위험 기반 익명화의 파이브 세이프의 핵심이다.

- 비공개 사용 사례를 가정하면 식별 가능성은 공개적으로 알 수 있는 특성과 지인이 알 수 있는 특성을 모두 고려하여 평균을 사용하여 측정된다.

간접 식별자 변환

설정된 허용오차를 기반으로 데이터를 식별할 수 없음을 합리적으로 보장하는 데 필요한 데이터 변환을 수행한다.

이 위험 기반 익명화 프로세스를 진행하는 이유는 앞 장에서 설명한 각 부분들이 어떻게 서로 조화를 이루는지 보여주기 위함이다. 특히 우리는 대중에게 알려진 간접 식별자를 변환하여 데이터 주체를 선별하는 기능을 제거하는 데 관심을 갖고자 한다. 이 장에서 더 자세히 살펴볼 것이다.

익명화된 데이터는 다음과 같은 여러 경로를 통해 데이터 수신자에게 제공될 수 있다.

- 익명화된 데이터 자체는 개인 정보 보호 및 보안 관행을 평가한 후 데이터 수신자와 직접 공유하여 필요한 익명화 정도를 결정할 수 있다(파이브 세이프의 경우).
- 익명화된 데이터에 대한 접근은 데이터가 수신자가 아닌 데이터 관리자(또는 파트너)의 통제 하에 유지되도록 제한하는 일종의 보안 포털을 통해 제공될 수 있다. 이렇게 하면 데이터 수신자가 이전 복사본을 삭제하지 않고도 익명화된 데이터에 필요한 모든 변경을 수행할 수 있다. 변경 사항은 식별되거나 해결된 데이터 품질 문제로 인한 것일 수도 있고, 개선 또는 새로운 취약성 해결로 인한 익명화 방법 업데이트로 인한 것일 수도 있다.
- 익명화된 데이터에 대한 접근은 일종의 분석 플랫폼을 통해 제공될 수 있다. 데이터 수신자는 자신이 생성한 출력에만 접근할 수 있도록 의도된 경우 기본 데이터에 접근할 수 있거나 접근하지 못할 수 있다. 그러나 수신자가 기본 데이터를 복구할 수 있다고 가정하면 데이터가 익명화된다.
- 분석 결과는 데이터 수신자가 실행하는 분석 플랫폼을 사용하여 제공되거나 데이터 관리자(또는 파트너)가 결과를 도출할 수 있다. 여기서 가정하는 것은 수신자가 기본 익명 데이터에 접근할 수 없기 때문에 분석 플랫폼은 교차 기능 또는 분석 기능의 반복 적용을 통해 데이터 재구성을 방지하기 위한 제한 사항을 두어야 한다.

이는 데이터를 익명화한 다음 수신자에게 데이터를 제공하는 2단계 프로세스로 생각할 수 있다. 그러나 우리가 포함시키고자 하는 허용 가능한 데이터의 다른 소스가 있다면 어떨까? 균형이 맞지 않은 것끼리 짜 맞추어^{mix and match} 곤경에 빠지기 전에 이러한 것들을 고려해보자.

6.2.1 추가 데이터 소스

익명화 파이프라인에 대한 다단계 접근 방식을 탐색하기 전에 익명화에 사용할 수 있는 데이터 소스도 고려해야 한다.

공개 출처

공개 데이터 또는 투명성 기구를 통해 국가 통계 기관에서 제공하는 데이터 결과물

---

2 엘 에맘과 아버클의 「건강 데이터 익명화: 사례 연구 및 시작 방법」의 2장 참조

자원 또는 승인

데이터 주체는 특정 데이터의 배포를 자원하거나 승인할 수 있으며, 이 경우 데이터에는 식별 가능성을 줄이고 데이터 주체를 보호하기 위해 일부 데이터 변환이 적용될 수 있지만 허용오차는 더 높다.

직접 확보

다른 조직과의 파트너십을 통해 수집된 비공개 데이터로서 적절하게 익명화되었거나 그렇지 않았을 수 있다(데이터가 개인적이라고 판단되면 수신자가 위험에 처할 수 있다).

수집기 포털

익명화된 데이터 또는 익명화된 데이터에서 파생된 분석에 대한 제한된 접근을 제공하는 환경이다(주요 출력은 집계된 데이터 또는 분석).

이렇게 수집된 모든 데이터는 익명화될 데이터 및 제품을 개선하는 데 사용될 수 있다. 데이터의 특성에 따라 이러한 소스는 일단 연결되면 식별 가능성을 높이거나 데이터 저장소를 향상시키는 데 사용될 수 있다. 따라서 익명화에는 수신자와 공유할 전체 데이터가 포함되어야 한다. 이를 위해서는 경계 및 용도를 식별하고 식별 가능성을 줄이는 데 필요한 영역을 결정하기 위해 데이터 흐름을 평가해야 할 수 있다.

또한 수집 시 직접 소스 데이터에 대해 식별 가능성을 평가해야 할 수도 있다. 데이터가 어떻게 익명화되었는지 불분명하거나 회사 정책에 따라 익명화를 개선할 필요가 있는 경우 특히 그렇다. 마찬가지로 데이터 배포 포털이 있는 수집기의 데이터의 경우 그들의 개인 정보 보호 조치에 대한 실사를 수행하는 것을 고려할 것이다.

> CAUTION_ 공공 데이터는 식별 가능성 평가를 요구하지 않을 수 있다. 그러나 데이터 주체에 대한 의무와 관련하여 해석이 다양하기 때문에 익명화 프로세스 및 관할권에 대한 신뢰에 따라 달라진다(예: 처리에 대한 법적 근거를 식별하고 데이터의 사용이 공정하고 정당하다는 것을 보장). '공공' 데이터의 개념은 고려해야 할 윤리적 및 법적 뉘앙스를 가지고 있다.[2] 공개된 데이터를 사용할 수 있게 하는 목적(공개, 자발적 또는 데이터 주체의 승인)을 고려하라. 데이터가 제공된 목적을 존중하고 사용이 **의도된** 용도 및 윤리 기준에 부합하는지 확인한다.

----

3 예를 들어 우드로 하트조그(Woodrow Hartzog)의 「공공 데이터 오류」를 참조하라. 보스턴 대학교 법률 리뷰 99, 2번 (2019): 459, https://oreil.ly/UMW4P

지금까지 우리가 사는 세상에서 일반적인 문제인 소스에서의 익명화를 설명했다. 그러나 우리가 알고 싶은 것은 중간 단계를 활용하여 단계별로 익명화를 제공하는 방법이다. 이는 새로운 사용 사례를 개발하고 혁신을 촉진하기 위해 더 많은 데이터가 필요하다는 측면에서 이점을 가질 수 있다. 특히 다른 방법보다 더 풍부한 통찰력을 얻을 목적으로 데이터를 풀링^{pooling}하는 것을 고려해보자.

6.3 익명 데이터 풀링

데이터를 풀링하는 프로세스와 방법이 없으면 특정 시간 간격으로 모집단에서 개인의 이용 가능한 표본을 기반으로 데이터를 수집한 지역적이고 시간제한(time-boxed)된 출력이나 통찰력만 확립할 수 있다. 이러한 제한된 출력이나 통찰력은 모집단, 인구통계학적 프로필, 데이터 수집의 의도적 또는 비의도적 편향(예: 인구통계나 속성을 기반한 특정 개인 대상)에 비교해 표본의 크기로 인해 매우 제한될 수 있다.

사람들이 은행의 광고 색상에 따라 매일 은행 업무를 선택한다고 상상해보자. 한 은행의 시간제한 마케팅 캠페인에서만 은행 거래에 대한 통찰력을 이끌어내는 것은 특정 성격의 특성, 어쩌면 특정 인구통계학적 프로필에 결과가 편향될 수 있다. 그러나 은행은 다른 색상과 메시지를 실험하면서 다른 마케팅 캠페인을 수행할 것이다. 또는 각기 다른 고객 프로필을 유치할 마케팅 캠페인을 벌이는 각각의 여러 은행의 데이터를 풀링할 기회가 있을 수 있다.

데이터를 풀링하면 모집단을 보다 완벽하게 표현할 수 있으므로 도출된 결과 또는 통찰력의 정확성, 적용 가능성 및 일반화 가능성을 높일 수 있다. 또한 분석의 통계적 힘이 증가함에 따라 희귀한 사건이나 패턴이 발견될 가능성이 높다. 고급 분석을 통해 이러한 통찰력을 더 넓고 심층적으로 도출하기 위해 데이터를 풀링할 수 있는 방식으로 데이터를 수집하고 처리할 필요가 있다.

그러나 특히 개인 정보가 관련된 경우 다양한 데이터 소스를 하나로 모으는 것은 어려울 수 있다. 개인 데이터에서 발견되는 간접 식별자는 대부분 분석 목적으로 가장 가치 있는 정보인 경우가 많다. 따라서 데이터를 식별하기 어려운 정보로 변경하는 변환은 데이터가 유용하게 유지되는 동시에 개인 정보가 충분히 보호되도록 최소화된다. 간접적으로 식별 정보에 대한 접근을 제한하는 것도 같은 이유로 최소화된다.

익명화된 데이터를 풀^{pool}로 가져오는 수신자 관점을 고려하여 익명화된 데이터를 가져가고 데이터 변환 및 식별 가능성을 최소화하는 방법을 고려해보겠다. 우리가 설명하는 접근 방식은 풀에 대해 하나의 소스 또는 여러 소스가 사용될 수 있다. 주요 측면은 사용 사례를 활용할 수 있는 데이터의 풀 또는 중간 소스를 갖는다는 개념이다.

6.3.1 소스 수집의 장단점

기기나 병원에서 데이터를 수집하는 것과 같이 소스에서 데이터를 수집하려면 데이터 주체의 개인 정보를 보호하고 계약 및 규제 부담을 줄이기 위해 개인 데이터를 익명화하는 것이 바람직한 경우가 많다. 모든 데이터 관리자(데이터 소스가 있음)는 많은 이해관계자가 참여하는 여러 번의 반복으로 다른 계약 프로세스와 일련의 의무를 요구하므로 계약상의 부담을 과소평가해서는 안 된다. 규제 부담에는 세부적인 법적 절차가 포함되는 경우가 많은데, 이는 데이터가 적절히 익명화되었을 때 피할 수 있으며, 데이터를 익명화 상태로 유지하기 위해 기술적, 조직적 통제가 지속적으로 적용된다.

어떤 상황에서는 간접적으로 식별되는 정보가 사실상 통계적이기 때문에 프로세스를 아는 데 충분한 정보가 있다면 소스에서 익명화할 수 있다. 즉, 데이터가 충분하면 식별 가능성의 측정이 정확하고 데이터가 공개되거나 공유되는 콘텍스트를 기반으로 최소한의 변환셋을 적용할 수 있다.

그러나 데이터가 충분하지 않으면 측정 오류가 커질 수 있으며 식별 가능성이 과대평가될 수 있다. 예를 들어 표본이 작고 모집단 데이터가 충분하지 않은 경우 모집단 고윳값으로 간주되는 표본 고윳값이 더 많을 것이며 일반적으로 클러스터 크기는 과소평가될 것이다(2.3절 '재식별 과학' 참조). 이 상황에서 데이터는 식별 가능성을 확립된 수준으로 줄이기 위해 과도하게 변환될 것이며 데이터의 분석 효용성은 크게 감소할 것이다(심지어 쓸모없는 수준까지).

따라서 측정을 개선하고 데이터를 더 정확하게 익명화하기 위해 보다 포괄적인 데이터 소스를 활용해야 하는 경우 여러 소스의 데이터를 풀링하는 것이 좋다. 데이터에서 소스의 신원을 제거(예: 병원 이름 제거)하면 고급 분석의 교육 및 사용을 가능하게 하는 보다 광범위하고 일반적인 데이터 수집이 가능하다. 예를 들어 머신러닝 및 인공지능에 대한 현대적인 접근 방식은 대규모 데이터 풀에서 훈련될 수 있다.

소스(예: 장치 또는 병원)의 식별 가능성을 배제하면 개인의 식별 가능성이 감소할 뿐만 아니라 알고리즘이 소스 자체에 편향되지 않을 것이다. 오히려 알고리즘은 데이터에 존재하는 간접적인 식별 및 기타 기능에 대해 학습되기 때문에 더 일반적이다. 개인 정보 보호 관점에서 소스 ID를 제거하면 익명화 기술의 효율성을 높일 수 있는 추가 이점이 있으며, 이는 소규모 인구일 때 높은 데이터 활용도를 달성하는 데 어려움을 겪을 수 있다.

또 다른 중요한 실제 과제는 데이터 관리자가 각자의 환경에 복잡한 소프트웨어를 설치하도록 하는 것이다. 보안 다자간 컴퓨팅과 같은 기술은 상당한 컴퓨팅 자원을 필요로 하고 데이터 관리자 간의 보안 분석 프로토콜을 조정하기 위해 사전에 세부 프로토콜을 설정해야 하므로 부담이 될 수 있다. 이 분야에서 발전이 있었지만 여전히 데이터 관리자에 대해 막대한 투자를 하고 있으며 여러 명의 개별 데이터 관리자로 확장하기 어렵다. 안전한 다자간 계산의 실질적인 도전은 사용 가능한 상용 제품을 극소수로 제한했다.

데이터를 수집하려는 조직의 희생을 감수하면서 데이터가 공개되거나 공유되는 콘텍스트를 기반으로 데이터를 적절하게 변환하기 위해 경량 익명화 엔진을 사용하는 대신 데이터 수집 파이프라인을 만들 수 있다. 데이터 관리자는 서로의 개입을 인식할 필요도 없기 때문에 데이터 관리자 간에 협력이 필요하지 않다. 이 경량 익명화 엔진은 다음 절에서 설명한다. 소규모 집단의 효과적인 익명화를 지원하고 여러 소스의 데이터를 풀링할 수 있는 방법을 통해 배포가 간단해진다.

6.3.2 소스 수집 방법

장치나 병원과 같은 소스에서 경량 엔진을 통해 중간 익명화 단계를 완료할 수 있다. 배포가 비교적 쉽지만 다단계 프로세스를 통해 위험 기반 익명화에 대한 최신 규제 개인 정보 보호 및 데이터 보호 요구 사항을 충족할 수 있다. 다음 중 하나를 사용하여 수행할 수 있다.

- 필요한 데이터를 데이터 파이프라인으로 보내는 방법을 알고 있는 소스 시스템 또는 물리적 장치에 내장된 코드
- 독립 소프트웨어 에이전트 또는 모듈이 소스에 가깝고 심지어 동일한 장치에 있으며 에이전트는 종속성 문제 없이 별도의 프로세스로 실행된다.
- 소스에서 보낸 데이터를 수신하는 소프트웨어 인터페이스

경량의 중간 소스 익명화는 소스 데이터 관리자의 통제 밖에 있는 안전한 환경으로 데이터를 가져온다. 중간 익명화는 안전한 환경에서 데이터를 보유하거나 풀링하는 목적에 적합한 소스

익명화를 수행한다. 즉, 다음과 같다.

- 직접 식별자(예: 이름 및 주소)는 데이터 주체를 높은 성공 확률로 직접 식별할 수 없도록 변환(가명 처리 또는 제거)된다.
- 간접 식별자(예: 인구통계학적 변수)는 데이터 주체가 이러한 간접 식별자의 모집단에서 고유하지 않도록 변환되어 구별될 수 없다.

안전한 환경은 데이터를 보유하거나 풀링할 목적으로만 사용된다. 이 환경에서는 데이터에 대한 데이터 분석은 수행되지 않으며 데이터의 안전한 풀링 콘텍스트를 고려할 때 강력한 가명화된 데이터를 익명화된 데이터로 전환한다. 이러한 환경은 오용 또는 침해를 방지하기 위한 강력한 통제가 있는 보류 영역이다. 데이터 주체를 선별하는 기능을 제거하면 데이터를 보유하거나 풀링할 목적으로만 데이터가 익명화된다. [그림 6-2]에 나와 있는 것처럼 식별 가능성이 평가될 때까지 이 데이터에 대한 보유 또는 풀링 이외의 2차적 사용은 허용되지 않는다.

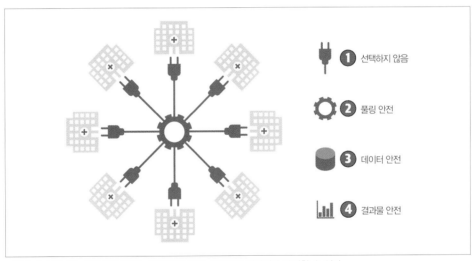

그림 6-2 식별 가능성을 최소화하는 방식으로 여러 사이트의 데이터를 풀링할 수 있다.

그림에 요약된 바와 같이 다음을 수행한다.

1 개인을 선별하는 능력을 소스에서 제거
2 추가 처리를 위해 이 데이터를 안전한 위치에 풀링
3 사용 사례를 기반으로 풀링된 데이터에 대한 식별 가능성 측정
4 유용한 데이터를 도출하기 위한 익명화

신뢰할 수 있는 제3자에 의해 암호화키를 소스에서 적절하게 저장 및 처리하거나 공개키 암호화와 같은 동일한 네트워크 당사자 간에 교환할 수 있도록 적절한 제어가 이루어진다. 안전한 환경에서는 키에 접근할 수 없다. 키는 데이터 관리자가 데이터를 소스에서 재식별할 목적으로만 사용할 수 있다. 이를 통해 기능적으로 익명화된 데이터에서 파생된 정보를 주요 목적(예: 4.2.4절 '식별된 것과 익명화된 것을 혼합'에서 설명 것처럼 환자의 직접 치료 또는 고객 서비스)에 사용할 수 있다.

앞서 언급한 바와 같이 일부 관할 지역에서는 비식별 데이터를 생성할 목적으로 암호화키를 보관하는 것이 허용되지 않을 수 있다. 이 경우 암호화키가 파괴되어 가명을 되돌릴 수 없게 된다.

6.3.3 풀링 안전

일단 안전한 데이터가 풀링되면 B2B^{business-to-business, 비즈니스 대 비즈니스} 통합 아키텍처는 개인 데이터 흐름이 적절한 업무 프로세스의 경계 내에서 제한 없이 유지되도록 보장할 수 있다. 데이터 레이크^{data lake}는 단일 데이터 관리 플랫폼을 통해 모든 데이터에 대한 통제되고 유연하며 안전한 접근을 보장할 수 있다. 또는 데이터 수집 및 저장의 네트워크 구조는 데이터를 데이터 허브에 저장하기 전에 단일 스키마로 결합하여 인덱싱 및 분석을 용이하게 할 수 있다. 데이터 소스에는 보유하거나 풀링할 개별 또는 그룹화된 정보 모음을 전송하는 장치, 기계 또는 조직이 포함될 수 있다.

결과물 안전이나 통찰력은 인공지능과 머신러닝을 포함한 분석 시스템을 사용하여 데이터 레이크 또는 중앙 집중식 허브가 있는 풀링 데이터에서 얻을 수 있다. 또한 추가 통합 아키텍처는 적절한 수신자에 대한 안전한 데이터의 변환 또는 안전한 접근과 출력 또는 통찰력, 조직, 또는 장치에 안전하게 접근하거나 전송할 수 있는 메커니즘을 제공할 수 있다. 풀링된 데이터에서 가져온 정보는 데이터 시스템(출력 또는 통찰력 포함)을 보강하기 위해 장치 또는 조직의 원래 소스로 전송될 수 있다.

데이터를 보유하거나 풀링하기 위해 데이터가 입력되는 안전한 환경은 다음과 같은 강력한 완화 제어 장치를 갖추고 있다(환경 안전).

- 개인 데이터의 접근, 공개, 보유 및 폐기
- 개인 데이터 보호
- 개인 데이터 관리의 책임과 투명성 보장

예를 들어 IT 관리자는 완화 제어를 관리할 목적으로 이 안전한 환경에 대한 접근 권한을 부여받을 수 있다. 데이터 사용을 완화 제어 관리에 필요한 것으로만 제한하는 강력한 계약도 체결되어 있다. 자동화는 관리자의 역할을 사람의 개입이 필요한 역할로만 제한할 수도 있다.

우리의 위험을 되새기면서 이 문제를 더 끌어내자(데이터 안전).

계획적

강력한 완화 제어와 신뢰할 수 있는 수신자(상대적으로 적은 수의 사람을 대표해야 하는 IT 관리자)를 통해 표적 시도를 과감하게 최소화한다.

사고(부주의)

IT 관리로 접근이 제한되면(즉, 데이터 분석이 필요하지 않음) 의도하지 않게 재식별할 가능성이 희박해진다.

환경(위반)

데이터 손실 또는 도난 가능성은 항상 위험하다. 이러한 경우 강력한 완화 제어를 통해 최소화된다.

대중이 알 수 있는 간접 식별자를 변환하여 개인을 선별하는 기능이 제거되었음을 기억하라. 이는 안전한 풀링 환경에 대한 전반적인 식별 가능성이 매우 낮고 잠재적인 침해 사고의 영향도 완화된다는 것을 의미한다.

데이터 보유는 단일 또는 여러 소스의 데이터를 풀링하거나 여러 데이터 풀을 연결하기 위한 것일 수도 있다. 여러 소스의 경우 소스를 구분하지 않고 공통 데이터 모델을 사용하여 정보를 데이터 레이크로 통합할 수 있다. 여러 소스의 데이터에 대한 트랜잭션 레코드^{transactional record}는 연결 식별자에서 충돌을 일으킬 수 있으며, 이 경우 이러한 연결 식별자는 공통 데이터 모델의 일부로 재할당될 수 있다.

> **TIP** 익명화 파이프라인이 여러 단계로 나누어지지만 소스 데이터는 풀링에 대해 합리적으로 익명화된 것으로 간주되며 풀링된 데이터에 대한 데이터 접근 모델도 데이터와 출력의 익명화를 보장한다. 이는 익명화된 데이터의 접근 및 보유와 관련하여 소스 데이터 제공자와의 합의를 촉진해야 한다. 목적은 물론이고 익명화된 데이터의 재사용에 대한 제한과 윤리적 경계를 정의해야 한다. 익명화된 데이터 또는 출력에 대한 통찰력이나 접근을 통해 자체 혁신 또는 연구 노력을 지원하는 것과 같이 소스 데이터 제공자에게 어떤 이점을 제공할 것인지 고려하라.

소스 간의 연결은 예를 들어 관할 요구 사항에 따라 단방향 해시, 형식 보존 암호화 또는 개인 정보 보호 기록 연결을 사용하여 가능하다. 이것은 중간 소스 익명화를 통해 전달되어야 한다.

6.3.4 저장된 데이터에 대한 접근

2차 목적을 위한 데이터 보유 또는 풀에 접근하는 것은 위험 기반 익명화를 통해서만 가능하다. 즉, 식별 가능성 추정치를 결정하기 위해 위험 평가가 수행되며(파이브 세이프에 설명된 접근 방식에 따라), 이는 데이터가 식별 불가능하다는 합리적인 보증을 제공하는 데 사용되는 식별 가능성 임곗값 미만인 데이터셋에 접근하거나 게시하는 데 필요한 데이터 변환을 유도한다. IT 관리에 대한 접근만 제한하고 데이터 환경의 접근 및 감사 로깅을 구현하여 중간 익명화 단계로 풀링을 정당화했음을 기억하라. 따라서 접근 및 사용에는 사용 사례에 따른 식별 가능성에 대한 추가적인 평가가 필요하다.

6.4 공급 소스 익명화

이 장 앞부분에서 언급했듯이 중간 환경에서 데이터를 풀링할 필요 없이 소스에서만 익명화하는 것이 가능하다. 핵심 요소는 데이터 변환을 주도하는 식별 가능성 측정 프로세스를 알려주는 통계다. 따라서 모집단 통계를 사용하여 소스 익명화를 알릴 수 있다.

대부분의 데이터셋은 훨씬 더 많은 모집단에서 추출한 표본일 뿐이다. 예를 들어 한 병원의 유방암 환자는 식별된 지역(즉, 여러 개의 치료 시설이 있을 수 있음)에 있는 유방암 환자 집단의 일부일 가능성이 높다. 이러한 모집단 통계는 정보의 공개 또는 비공개 소스 또는 여러 소스의 데이터 풀링에서 가져올 수 있다.

따라서 통계는 선택적으로 수집되어 중간 소스 익명화에 제공된다. 이것은 데이터 주체가 모집단에서 고유하지 않음을 보장하는 간접 식별자에 적용되는 데이터 변환 수준을 향상시킬 것이다. 특히 여러 소스의 풀링된 데이터는 소스에서 생성된 표본 통계량보다 더 정확한 모집단 통계를 생성할 수 있다.

조금 더 깊이 들어가 보면 표본 데이터를 사용하여 소스에서 익명화하는 대신 또 다른 옵션은 간접 식별자의 빈도수와 데이터를 보유하고 풀링하는 데 사용되는 안전한 환경으로 서로 간의 관계를 전송하는 것이다. 개인별 간접 식별자의 빈도수는 소스에서 생성된 영구 식별자로 연결될 수 있다. 이 경우 풀링은 빈도 통계량에 속하게 된다. 이것은 적절한 데이터 변환을 적용하기 위해 소스로 반환된 사양 파일과 함께 필요한 중간 소스 익명화를 결정하는 데 사용된다.

단방향 해시 또는 개인 정보 보호 기록 연결은 이 경우 데이터 주체에 대해 변경되지 않는 간접 식별자 수를 줄이는 데 사용될 수 있다. 연결은 빈도 카운트와 관련하여 카운트를 합산해야 하는지 여부를 결정하는 것이다. 그렇지 않으면 일부 형태의 안전한 계산이 사용될 수 있다. 전체 파이프라인과 단계는 [그림 6-3]에 나와 있다.

경우에 따라(예: 풀링할 여러 소스 각각의 작은 표본) 빈도 통계의 사용은 간접 식별자와 다른 연관 측정 사이의 상관관계 측정으로 강화될 것이다. 이 메타데이터는 빈도수에서 파생된 위험 기반 익명화 전략을 보완하고 알리는 데 사용된다.

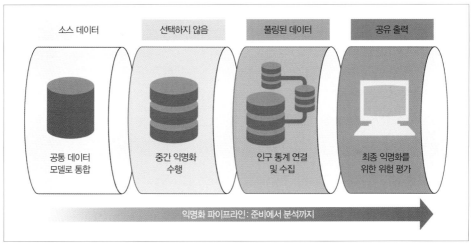

그림 6-3 원시 소스에서 중간 익명화, 풀링, 위험 평가 및 데이터 공유를 위한 최종 익명화에 이르는 다단계 익명화 파이프라인

6.5 마치며

익명화는 일반적으로 식별된 것에서 익명화된 것으로의 2단계 흐름으로 간주된다. 익명화 과정은 여러 단계로 설명되지만 여전히 프로세스 다이어그램에서 단일 상자다. 식별된 데이터를

가져와 익명화 엔진에 공급하면 익명화된 데이터가 나온다. 이는 데이터 관리자에서 데이터 수신자로 전환되는 가장 일반적인 데이터 익명화 방법이다.

그러나 다양한 사용 사례가 나타나 분석 엔진을 부채질하기 때문에 데이터 흐름이 더 복잡해질 수 있다. 데이터 수신자가 구상할 데이터 흐름을 다시 생각함으로써 데이터를 사용 사례에 적용하면 새로운 기회가 제공된다. 데이터 웨어하우스^{data warehouse}와 데이터 레이크^{data lake}가 업계에서 잘 알려진 개념인 만큼 데이터 풀링^{pooling data}은 새로운 개념이 아니다. 그러나 새로운 익명화 파이프라인을 개념화하여 식별 가능성 스펙트럼을 따라 단계를 생성하고 이러한 단계에서 데이터가 익명화되는 것을 보장하는 제어 완화를 할 수 있다.

익명화된 데이터를 풀링하면 실제 데이터를 기반으로 정확한 모집단 통계를 생성해야 하는 또 다른 문제도 해결된다. 이러한 모집단 통계는 소스의 익명화를 통해 보다 세분화된 데이터를 생성하는 동시에 풀링된 데이터가 안전하고 정확하도록 하는 데 도움이 된다. 여기에서 제시된 접근 방식이 유연하기 때문에 다양한 사용 사례의 요구도 충족할 수 있다.

이 장에서는 단일 데이터 파이프라인 또는 네트워크 방식으로 데이터를 익명화하는 수단을 제공했지만 데이터의 책임 있는 공유 및 사용을 위해서는 데이터의 윤리적 사용을 고려하고 데이터 사용 방법에 대한 메커니즘을 감독해야 한다. 다음 장에서는 이러한 개인 정보 보호 및 데이터 보호의 추가 측면을 살펴볼 것이다.

CHAPTER 7

안전한 사용

3장에서 위험 기반 익명화의 파이브 세이프를 설명할 때 데이터의 안전한 사용을 위한 프레임워크로 설명했다. 이 장에서는 그에 대한 신뢰와 윤리 세부 사항을 설명한다. 식별 가능성을 줄이면 위험을 완화하고 데이터를 보다 균형 있게 재사용하여 이익을 창출할 수 있다. 그러나 비식별 데이터는 더 이상 개인적이지 않지만 여전히 섬뜩하거나 해로운 방식으로 사용될 수 있다.

개인 정보 보호 및 데이터 보호 측면에서 신뢰를 일반적인 용어로 설명할 수 있지만 이러한 개념이 분석 모델 및 의사 결정에 어떻게 적용되는지도 살펴볼 것이다. 분석의 세계는 컴퓨터 과학, 수학 및 통계 분야를 포함하여 복잡하기 때문에 이러한 기술 중 일부와 안전한(따라서 책임감 있는) 사용과 관련된 문제도 설명한다.

거버넌스^{governance}는 조직에서 데이터를 개발하고 안전하게 사용할 수 있도록 하는 데 중요한 역할을 한다. 여기에는 이 장에서 살펴볼 윤리적 감독과 분석 모델의 무결성 및 신뢰성을 모니터링하는 작업이 포함된다. 알고리즘이 확신과 신뢰를 불러일으키지 못하는 여러 방법을 고려할 때 규제 기관에서 데이터 윤리를 고려하라는 압력이 증가하고 있다. 프레임워크가 채택되면 기술 지원 프로세스를 비롯한 조직 도구에 거버넌스 원칙이 포함되어 사람들이 책임을 인정하도록 만들 수 있다. 영향과 민감도의 정도에 따라 감독 및 의사 결정을 위한 위원회가 구성될 수 있다.

7.1 신뢰 기반

신뢰를 입증하는 것은 데이터 주체와 규제 기관의 신뢰 관계를 구축하는 데 있어 중요한 측면이다. 점점 더 많은 학자가 우리의 안전한 사용이라는 주제와 잘 맞는 신뢰의 맥락에서 개인 정보에 대한 대화를 재구성하려고 시도하고 있다. 동일한 개인 정보 보호 원칙이 많이 등장하지만 이를 신뢰의 관점에서 생각하면 데이터 보호에 대한 보다 긍정적인 관점을 제공할 수 있으며 설계가 가치 중심적임을 확인할 수 있다(예: 익명화 파이프라인 설계). 다음 4가지 신뢰 기반이 제안되었다.[1]

정직함

어떤 데이터가 수집되고 어떻게 사용되는지 설명한다. 데이터 관리자 또는 담당자는 설명을 명확하게 전달할 책임이 있다. 일반적으로 투명성으로 설명되지만 그것을 정직함으로 표현하면 내포된 어조가 확실히 바뀐다! 정직함에는 명확하고 정확하며 솔직해야 할 의무가 있으며 어떤 오해도 바로 잡을 수 있도록 해야 한다.

신중함

넓은 의미에서 개인 데이터를 기밀로 취급하고 데이터 주체가 예상하거나 일반적으로 합리적이라고 생각하는 방식으로 공개한다. 신중함은 단순히 개인 정보를 공개하지 않는 것보다 더 광범위하다. 신중하다는 것은 무엇을 공유하고, 어떻게 공유하며, 누구와 공유하는지에 대한 관점에서 측정되는 것이다.

보호

위협으로부터 데이터를 안전하게 보호하고 접근하기 위해 데이터를 확실하게 유지한다. 보호에는 기술적, 조직적 안전장치 외에도 위험 평가, 위협 모델링, 데이터 최소화 등이 포함된다. 여기에는 데이터 개인 정보를 포함하며 신중함의 요소에 의해 결정된다.

충성도

데이터 주체의 이익을 위해 행동하거나 또는 적어도 데이터 주체의 이익에 반하는 행동을 하지 않는다. 운영을 개선하거나 혁신을 위해 데이터를 재사용하면 데이터 주체에 충실함으로써 신뢰를 유지할 수 있다. 선호도, 약점, 욕구, 성향 등이 개인 데이터에 노출된다는

---

[1] 신뢰 기반은 닐 리처즈(Neil Richards)와 우드로 하초크(Woodrow Hartzog)의 「개인 정보 보호 법률에 대한 신뢰를 진지하게 받아들이기」에 설명되어 있다. Stanford Technology Law Review 19, vol. 3 (2017): 431-472, https://oreil.ly/x00TM

점을 염두에 두어야 한다. 해를 끼치지 마라. 단기적 이익보다 데이터 주체의 이익을 먼저 고려해야 한다.

신뢰된 관계를 발전시키는 것뿐만 아니라 그러한 관계가 지속 가능하고 장기적으로 유지되도록 보장하는 것이 목표다. 신뢰를 쌓는 것보다 신뢰를 잃는 것이 더 쉽다. 이러한 관점은 개인 정보를 사회적 공익 societal good 으로 볼 수 있는 강력한 근거를 제공하며, 개인이 개인 정보와 보안을 보호할 책임이 있다는 편협한 견해를 피한다. 신뢰를 쌓고 조직이 올바른 일을 하도록 돕는 프레임워크를 개발하는 것이 훨씬 더 도움이 된다. 여기서 맥락이 중요한 역할을 한다. 사람들은 자신에 대해 어떤 내용이 수집되고 그 정보가 어떻게 사용되는지에 대한 기대를 가지고 있다.

식별 가능성을 줄이는 것이 방금 설명한 신뢰의 기본 원칙에 어떻게 적용되는지 주목하라(난독화 또는 모호성을 통한 개인 정보 보호). 또한 1.3.2절 '목적 사양'에서 설명한 합법적 이익의 개념과 중복되는 것을 볼 수 있다. 3장의 파이브 세이프에 설명된 모든 요소를 고려한 익명화에 대한 위험 기반 접근 방식은 위험을 상당히 감소시켜 이익을 최대화하고 위험을 최소화한다. 익명화 자체뿐만 아니라 우리가 설명한 위험 기반 프레임워크에 포함된 모든 측면(프로젝트 안전, 인력 안전, 환경 안전, 데이터 안전 및 결과물 안전)도 마찬가지다.

익명화는 개인 정보 위험을 줄여주지만 신뢰의 기본 원칙에 설명된 모든 측면을 다루지는 않는다. 익명화된 데이터는 여전히 집단이나 개인에 대한 차별이나 낙인을 통해 피해를 입히는 데 사용될 수 있다. 데이터가 전체 모집단을 나타내는지 아니면 표본을 나타내는지 여부에 관계없이 피해는 데이터를 가져온 원래 데이터 주체에만 해당될 수 있다. 그리고 그것이 원래 데이터 주체가 아닌 다른 집단으로 추론될지라도 덜 심각하지 않게 만들지는 않는다. 피해를 입히기 위해 추론을 사용하는 것은 데이터를 가져온 데이터 주체에게 불충실한 것이다. 다시 말하지만 개인 정보를 사회적 공익으로 생각하라.

즉, 조직(공공 또는 사적)이 자신이나 다른 사람에게 가치 있는 서비스를 제공하는 경우 그것의 문을 닫는 것은 데이터 주체의 이익이 아니다. 충성도는 조직이 데이터로 혁신을 이룰 수 없다는 것을 의미하지 않는다. 정반대! 요구하지는 않지만 개선된 서비스, 새로운 기능, 새로운 통찰력, 그리고 새로운 서비스도 기대한다. 우리는 상생 시나리오, 개인 정보 보호 및 혁신을 모색하고 있다. 조직은 스스로를 데이터 책임자라고 생각하고 신뢰 원칙을 사용하여 데이터의 안전한 사용을 안내할 수 있다. 분석 모델을 구축하는 데 사용되는 알고리즘의 관점에서 이러한 신뢰 원칙을 고려하는 것부터 시작하겠다.

7.2 알고리즘에 대한 신뢰

알고리즘은 데이터에 대해 학습하고 적용된다. 알고리즘은 또한 추론과 예측을 통해 데이터를 생성하기도 한다. 데이터는 식별이 불가능할 수 있지만 여전히 오용될 수 있다. 그러나 오용은 고의가 아닐 수 있다. 통찰력을 자동화하고 도출하기 위한 알고리즘은 실제 적용시 다양한 내재된 기술적 문제를 가지고 있다. 논의의 틀을 더 잘 잡을 수 있도록 다양한 모델링 접근 방식을 설명한 후 이들 중 몇 가지를 잠시 살펴보겠다.

규제 기관은 알고리즘의 통찰력이 개인에 대한 결정을 내리거나 행동에 영향을 미치는 방법에 대해 점점 더 우려하게 되었다. 예를 들어 2018년에 데이터 보호 및 개인 정보 보호 위원회는 이 장에서 탐구할 몇 가지 원칙을 지지하는 인공지능의 윤리 및 데이터 보호에 대한 선언에 동의했다.[2] 개인 데이터를 기반으로 하는 블랙박스 접근 모델에 대한 이론적인 공격이 너무 많기 때문에 일부에서는 데이터 보호 법률이 향후 모델 자체를 개인 데이터로 간주할 수 있다고 생각하기도 했다.[3]

> TIP "모든 모델이 잘못되었지만 일부는 유용하다." 통계학자 조지 E.P 박스는 몇 가지 학술 논문에서 이 주제와 이 주제에 대한 변형을 썼다.[4] 그는 훌륭한 통찰력을 보여주는 간단한 모델과 어떤 모델에서 '중요하게 잘못된' 것에 초점을 맞추는 것을 지지했다. 실제로 배포될 모델을 평가할 때 우리의 신뢰가 올바른 위치에 놓이도록 하기 위해 이 점을 명심할 필요가 있다.

서로 다른 모델링 접근 방식과 신뢰 또는 원칙의 실패에 대해 설명하기 전에 먼저 모델링을 보다 폭넓게 고려해보겠다. 알고리즘 사용이 엄청나게 발전했지만 여전히 쉬운 것부터 시작할 가치가 있다(소위 간결함의 법칙). 책임 있는 사용과 관련하여 뒤따르는 모든 것을 더 쉽게 구상할 수 있다. 모델링 대상이 무엇인지 충분히 이해하여 사용 결과와 경계를 구상할 수 있는지 확인하고 나면 더 복잡한 모델로 이동한다(이렇게 하는 것이 가치가 있다고 가정).

---

2 「인공지능의 윤리 및 데이터 보호에 관한 선언」, 벨기에 브뤼셀에서 열린 데이터 보호 및 개인 정보 보호 국제회의(2018년 10월 23일), `https://oreil.ly/6VZog`

3 예를 들어 마이클 빌(Michael Veale), 루벤 빈스(Reuben Binns), 리안 에드워즈(Lilian Edwards)의 「기억하는 알고리즘: 모델 반전 공격 및 데이터 보호 법률」 참조. Philosophical Transactions of the Royal Society A: Mathematical, Physical and Engineering Sciences 376, no. 2133 (2018): 20180083, `https://oreil.ly/yw_lp`

4 조지 E.P 박스(George E.P Box)의 「과학 모델 구축 전략의 강건성」, 통계학의 강건성 등에 고전적인 설명이 제공된다. 로버트 L. 로너(Robert L. Launer), 그레이엄 N. 윌킨슨(Graham N. Wilkinson) 편집, (뉴욕: Academic Press, 1979), 201-236, `https://oreil.ly/yqFpQ`

7.2.1 AIML의 기술

다른 사람들은 알고리즘 및 지원 인프라에 대한 분류를 제공하려고 시도했으므로 우리는 이러한 세부 사항은 조사하지 않을 것이다. 이러한 것들을 분류하고 구성하는 방법은 중요하지 않다. 단지 사용된 용어 중 일부와 알고리즘 및 신뢰에 대한 폭넓은 논의에서 해당 용어의 적합한 위치를 알고 있으면 된다. 우리는 인공지능 및 머신러닝에 대해 점점 더 일반적으로 사용되는 약어 AIML을 사용하여 우리가 고려할 수 있는 알고리즘의 세계를 포착할 것이다.

전통적으로 통계는 확률 분포에 의해 묘사되는 무작위성을 포함하는 불확실성의 수학적 공식에 초점을 맞추었다. 따라서 통계적 모델링에는 속성의 형식적 파생(예: 추정지의 수렴, 편향성, 오류)이 포함된다. 머신러닝은 좀 더 경험적인 알고리즘 개발에 초점을 맞추고 있다. 그러나 이제는 머신러닝과 통계를 연결하려고 시도하는 통계 학습이라는 하위 분야가 이와 함께 많은 부분을 차용하고 있다.

실제로 '작동'하는 알고리즘을 갖는 것도 중요하지만 이론은 알고리즘의 속성을 더 잘 이해할 수 있게 해준다. 이를 통해 도출된 분석 결과에 대한 신뢰도를 높일 수 있다. 주제가 우리 목적에 비해 너무 크고 너무 기술적인 것일 수 있지만 사용되는 용어 중 몇 가지와 머신러닝과 통계가 어떤 관련이 있는지 아는 것은 가치가 있다. 물론 이러한 공간에 기여하는 다른 분야도 있으며 이러한 분야를 알고리즘에 대한 간략한 소개에 포함시키려고 한다.

고전적인 머신러닝

몇몇 기술을 분석하기 위해 우리는 '고전적인' 접근 방식부터 시작할 수 있다. 통계에서는 학습을 모델 적합$^{model\ fitting}$ 또는 추정이라고 하는 머신러닝 언어를 사용하며, 통계 언어에 가교 역할을 한다.

지도 학습

입력(공변량 또는 예측 변수)과 출력(결과 또는 신호)을 모두 사용하여 레이블이 지정된 데이터에 대해 학습되는 알고리즘이다. 통계학에서 이 범주에 속하는 알고리즘을 분류 또는 회귀라고 한다.

비지도 학습

레이블된 데이터 없이 동작하며 패턴을 찾는다. 통계학에서 이 범주에 속하는 알고리즘을 군집화 또는 밀도 추정이라고 한다.

강화 학습

행동의 기본 모델을 가정하고 기능을 구동하기 위해 일종의 보상 시스템을 사용하여 작동한다. 이 범주에 속하는 알고리즘에는 동적 프로그래밍이 포함된다.

이들은 광범위한 알고리즘을 포착할 수 있는 일반적인 범주다. 회귀와 같은 많은 알고리즘은 효과적인 간단한 모델을 구축하는 마음에서 첫 번째 시작이 될 수 있다(일명 간결함의 법칙). 위 범주는 많은 관심을 불러일으킨 현대적 접근 방식의 다음 클래스에도 적용될 수 있다.

신경망

신경망은 기본적으로 입력과 출력 사이의 복잡한 상호 작용을 포함하는 회귀 집합이다. 신경망의 개별 노드는 기본적으로 회귀이며 네트워크는 노드를 연결하여 복잡한 상호 작용을 생성한다. 그 예가 [그림 7-1]에 나와 있다. 일을 단순하게 유지하기 위해 노드를 기울기와 절편이 있는 고전적인 선형 방정식으로 생각하면 된다. 그러나 노드를 서로 연결하면 모델은 훨씬 더 복잡해진다.

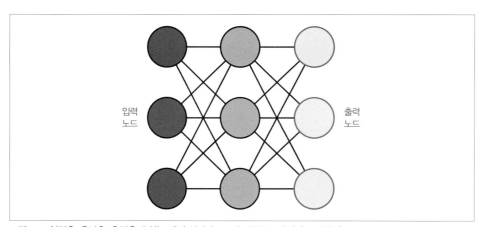

그림 7-1 입력층, 은닉층, 출력층이 있는 예제 신경망. 노드는 종종 뉴런이라고 부른다.

최근 들어 AIML 분야에 많은 관심이 집중된 것은 서로 연결된 은닉층을 가진 신경망인 딥러닝의 발전 때문이다. 계층 내 노드 유형, 노드 수, 계층 수 및 계층 간 상호 연결 방법을 변경하면 알고리즘이 문제를 해결하는 데 가장 적합한 문제 유형과 문제를 해결하는 방법이 변경된다(이러한 알고리즘에는 심층 신경망, 합성곱 신경망, 순환 신경망 등 특수 이름이 부여됨). 이것은 우리 목적의 범위를 훨씬 벗어난다!

이러한 접근 방식은 종종 더 단순한 모델에서 손실될 수 있는 패턴을 찾기 위해 많은 양의 데이터를 학습해야 한다. 물리적 또는 가상 모델에서 시스템 요소가 상호 작용하는 방식에 대한 불확실성이 있는 경우(예 : 노이즈가 많은 경우) 특히 적합하다. 기본 기능과 상호 작용을 잘 이해하면 다른 모델링 접근법이 더 적합할 수 있다. 접근법에 관계없이 알고리즘의 학습과 적용에 성공하려면 지식이 풍부한 데이터 과학자가 필요하다. 다음 절에서 살펴보겠지만 고려해야 할 뉘앙스가 많기 때문이다.

7.2.2 기술적 과제

지도 알고리즘은 실제 데이터에 대해 훈련되고 검증되어 모델을 생성한다. 비지도 알고리즘에는 일반적으로 설정해야 하는 매개변수가 있으며, 종종 실제 데이터를 사용한 유효성 검사를 기반으로 선택되며, 이를 모델을 정의하는 것으로 설명할 수 있다. 그런 다음 이러한 모델은 새로운 데이터, 아마도 개인 데이터까지 적용된다. 기본 프로세스는 [그림 7-2]에 나와 있다. 통계적 특성 및 검증에 따라 모델의 예상 동작 범위를 결정한다. 알고리즘 또는 모델링 접근 방식을 비교하려면 동일한 데이터와 매개변수, 특히 당면한 문제와 관련된 매개변수를 사용해야 한다. 이는 학술 문헌이 부족하여 한 접근 방식을 다른 접근 방식보다 선호하는 실무자 간에 상당한 논쟁을 유발할 수 있다.

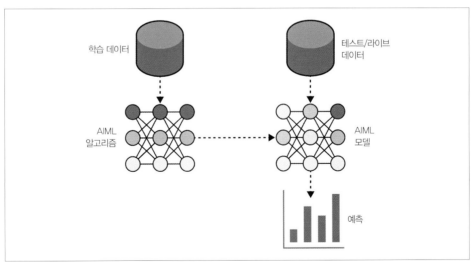

그림 7-2 학습 데이터는 AIML 알고리즘에 공급되어 모델을 구축한다. 학습 결과를 사용하여 모델을 조정할 수 있다. 그러나 독립적인 테스트 데이터가 실시간 데이터를 사용하기 전에 성능을 검증하기 위해 모델에 공급된다.

효과적인 모델을 구축하거나 학습하고 현재와 미래에 예상대로 작동하도록 하는 데는 많은 기술적 문제가 있다. 실제로 모델을 사용하면 의도한 대로 계속 작동하는 데 필요한 유지 관리 측면에서 기술 부채^{technical debt}라고 하는 비용이 때때로 발생한다. 해제하고 잊어버리는^{release-and-forgot} 접근 방식은 비현실적이다. 다시 말해 일단 모델이 배포되면 작업이 완료되지 않는다. 몇 가지 주의해야 할 사항이 있다.

공격

외부인은 모델이 극단적인 경우 어떻게 수행되는지 보기 위해 모델을 '스트레스 테스트'할 수 있다. 그들은 또한 모델에 잘못된 정보를 제공하여 올바르지 않거나 의도하지 않은 출력을 생성하게 함으로써 '혼란'을 시도할 수 있다.

편견

한 결과물이나 개인 집단이 다른 결과물이나 개인 집단보다 체계적으로 선호될 수 있다. 통계 학습은 알고리즘의 속성을 결정하고 편향되지 않은 추정값을 식별하려고 시도하지만 우리는 또한 데이터 자체가 편향되어 편향된 출력을 초래하는 데이터를 사용하는 광범위한 문제도 언급하고 있다.

교란자

입력과 출력 사이의 연관성은 입력과 출력 모두에 영향을 미치는 다른 요인에 의해 혼동될 수 있다. 모델이 실제로 모델링하려는 것이 아닌 잘못된 것에 초점을 맞추고 있다고 생각하면 된다.

경향

시간에 따른 성능 변화를 예상해야 한다. 예상^{forecasting} 또는 예측^{prediction}에는 모델을 훈련하는 데 사용된 데이터를 기반으로 미래의 산출물이 감소할 것으로 예상되는 경계가 있다. 모델에 대한 데이터 입력은 시간이 지남에 따라 변경되며(예: 데이터 주체의 변경으로 인해) 모델의 성능도 시간이 지남에 따라 변동된다.

일반화

출력은 사용할 수 있는 입력 범위에 대해 정확하다. 학습 또는 검증 데이터는 모델이 적용될 입력 데이터를 대표하여 출력을 예상할 수 있어야 한다. 모델은 실제로 적용될 때 충족되는 변동을 포착할 수 있을 만큼 충분히 일반적이어야 한다. 모델은 또한 일반적인 것으로 시작할 수 있으며 상황에 따라 보다 구체적이 되기 위해 적응 단계가 필요하다.

- 과도하게 학습된(과적합) 모델은 학습 데이터에 지나치게 초점을 맞추고 이것이 정확하게 출력되는 모든 지점까지 모든 변형을 포착한다. 편차가 발생하면 출력이 불안정해진다. 모델에 사용할 수 있는 자유도는 데이터양과 복잡성에 필요한 것보다 훨씬 높을 수 있다. 아무리 복잡하더라도 학습을 위해 제공된 모든 데이터 포인트를 곡선으로 그린다고 생각하면 된다.
- 학습이 부족한(과소적합) 모델은 입력의 변화를 포착하는 기능이 부족하고 출력은 안정적이지만 목표에서 벗어난다. 모델에 사용할 수 있는 자유도는 데이터양과 복잡성에 필요한 것보다 훨씬 낮을 수 있다. 데이터 포인트의 커다란 군집화를 통해 직선을 그린다고 생각하면 된다.

> **TIP** 현실은 AIML 모델은 달성해야 할 매우 구체적인 작업이 주어졌을 때 일반적으로 더 잘 작동한다는 것이다. 학습이 작업에 적합하고, 모델이 실용적이고 과학적으로 의미가 있으며, 계속해서 효과적으로 작동하는지 확인하려면 감독이 필요하다. 믿어라, 하지만 검증하라.

눈 위를 달리는 이족보행 로봇과 같이 우리가 종종 감탄하는 정교한 시스템은 실제로 함께 작동하는 많은 모델의 모음이며, 각각은 평가하고 이해할 수 있는 특정 작업을 수행한다(다른 모델에 의존하는 모델은 매우 복잡할 수 있으며 숨겨진 효과와 종속성이 있어 앞의 모든 것을 훨씬 더 관리하기 어렵게 만든다). 그러나 대화 내용을 개인 정보로 다시 가져와 알고리즘이 신뢰에 어떤 영향을 미칠 수 있는지 생각해보자.

7.2.3 신뢰에 실패한 알고리즘

모델, 특히 딥러닝 모델이 제기하는 우려는 다양하다. 그것들은 이러한 모델링 접근 방식의 복잡성과 우리가 설명한 기술적 문제와 많은 관련이 있다. 규제 기관은 인간이며 AIML 사용에 인간의 렌즈를 적용한다는 점을 기억하라. 규제 기관이 제기한 몇 가지 우려 사항은 예를 들면 다음과 같다.

- 많은 알고리즘의 일반적인 불투명성 또는 생산 시스템에서 함께 연결된 알고리즘 조합 및 모델 또는 결과를 설명하거나 정당화할 수 있는 능력(예: '블랙박스' 생성)
- 학습 데이터의 편향된 선택 또는 데이터 부족으로 인해 잠재적으로 잘못된 예측 또는 불공정한 처우가 발생할 수 있음(예: 인구통계학적 또는 사회경제적 요인으로 인해).
- 이상하고 소름 끼칠 정도로 보이는 복잡한 패턴(예측적 구분)을 구별하는 능력
- 소름 끼칠 정도로 인식될 수 있는 영역에 대한 모호하고 정당화되지 않은 주장(예: 성적 취향 예측)
- 사람과 그들의 삶에 영향을 미칠 수 있는 영역의 광범위한 적용(예: 사람을 대신하여 또는 사람에 대한 의사 결정)

이러한 우려 사항은 신경망이나 딥러닝에만 국한된 것은 아니지만 이런 종류의 알고리즘 모델이 많은 관심을 받았다. 이러한 우려 사항을 더 잘 이해하는 데 도움이 되도록 모델을 두 가지 클래스로 그룹화할 수 있다.

고정 모델

동일한 입력에 대해 동일한 출력을 생성하므로 반복 가능한 모델(새로운 학습 데이터 또는 매개변수 조정에 따라 모델을 수동으로 업데이트해도 상관없음)

적응형 모델

제공된 입력을 기반으로 모델을 수정하는 자동화된 피드백 메커니즘으로 인해 '재학습'되어 원래 유효성이 검증된 동일한 입력에 대해 잠재적으로 다른 출력을 생성하는 모델

고정 또는 적응형 모델은 다양한 이유로 신뢰의 실패를 초래할 수 있다. 고정된 모델에 입력이 제공되거나 예상치 못한 일련의 입력이 제공되어 바람직하지 않은 결과를 초래할 수 있다(한 번 속으면 속인 사람 잘못이다). 평가가 탄탄했다면 바람직하지 않은 결과가 거의 발생하지 않아야 하며, 이러한 일이 다시 발생하지 않도록 시정 조치를 취해야 한다(두 번 속으면 속은 사람 잘못이다). 그러나 적응형 모델의 실패는 예측하고 피하기가 더 어려울 수 있으므로 알고리즘을 올바른 경로로 유지하기 위해서는 더 엄격한 가드레일이 필요하다. 두 경우 모두 일종의 모니터링이 필요하다.

> **CAUTION_** 몇몇 사람은 알고리즘이 적응형일지라도 모델에 제공될 수 있는 입력 범위를 예상하지 않는 것은 윤리적인 실패라고 제안했다. 잠재적인 피해가 있는 경우에는 무모한 것으로 인식될 수도 있다. 이러한 우려의 결과로 많은 윤리적 프레임워크가 제안되었다.

앞의 몇 가지 우려 사항이 작용된 예를 살펴보자. 이 절을 '#알고리즘 실패'라고 부를 수 있으며 선택할 수 있는 많은 예와 우리가 언급할 수 있는 복잡한 요소가 많다.[5] 알고리즘의 많은 실패는 단순히 웃기기도 하고 불편하기도 하다. 그러나 일부는 신뢰가 떨어질 것이며, 그들의 심각성은 그들이 얼마나 급속히 퍼지고 불쾌한가에 따라 판단될 것이다. 어떤 사람은 '실패'라는 용

---

5 AIML이 어떻게 잘못될 수 있는지에 대한 재미있는 내용을 보려면 자넬 셰인(Janelle Shane)의 「당신은 사물처럼 보이고 나는 당신을 사랑합니다: 인공지능의 작동 원리와 세상을 이상한 곳으로 만드는 이유」를 읽어보라. New York: Vorarious, 2019. https://oreil.ly/e1sTe

어의 사용을 다소 가혹하게 생각할 수 있으니 우리 의도는 비판이 아니라 정보를 제공하는 것임을 분명히 한다. 우리가 설명하는 실패는 신뢰의 실패다. 완벽하게 정확하고 정밀한 시스템이더라도 신뢰의 실패가 있을 수 있다.

악성 챗봇

2016년에 마이크로소프트 연구원들은 사용자와 상호 작용하는 방식을 확인하기 위해 테이^{Tay}라는 적응형 챗봇을 트위터에 출시했다. 이들은 이전에 적응형 챗봇을 사용한 경험이 있으며 공개 출시에 앞서 챗봇에 대한 스트레스 테스트를 수행했다고 주장했다. 하지만 맥락이 중요하다. 테이는 공개되었지만 정리 및 필터링된 학습 데이터를 사용하여 구축되었다. 아마도 잘못된 행동을 하려는 시도를 포함하여 잘 행해진 훈련 상호 작용은 테이에게 다소 부적절한 입력을 제공한 트위터 사용자들의 맹공격에 대해 불충분했다.

테이는 차별적이고 무례한 트윗을 반복하라는 요청을 받았다. 그러나 테이는 또한 적응력이 뛰어났고 결국 사용자가 제공한 모든 부적절한 입력을 기반으로 자체 댓글을 만들었다. 반복적이고 스스로 생성한 이러한 의견은 마이크로소프트나 다른 사람들이 적절하다고 생각하는 것과 크게 일치하지 않았다. 어떤 사람은 이것을 재미있다고 생각했지만 마이크로소프트에 불행한 나쁜 언론을 형성했다. 회사는 향후 적절한 가드레일의 개발 필요성과 실패를 인정해야 했다.[6] 궁극적으로 테이는 위협으로부터 자유롭지 않았고 모든 잠재적인 마이크로소프트 사용자를 위해 행동하지 않았다.

> NOTE_ 유사한 사고를 방지하기 위해 마이크로소프트는 그 이후로 공격적인 텍스트를 감지하는 도구와 같은 일부 플랫폼의 개발자들에게 제공하는 도구를 개발했다. 그리고 마이크로소프트는 회사가 신뢰를 보장하기 바라는 대화형 AI 개발 지침을 도입했다.[7]

대화형 챗봇보다 훨씬 더 많은 모델과 알고리즘 응용이 있다. 그러나 그러한 평범한 응용 프로그램이 잘못되었다는 사실은 일부 사람들에게 AIML의 잠재적인 함정을 상기시켜주었고, 피해가 훨씬 더 클 수 있는 영역에 AIML을 적용하는 것에 대한 우려를 불러일으켰다. 즉, 영향이

---

6 피터 리(Peter Lee)의 「테이의 소개에서 배우기」, 마이크로소프트 공식 블로그(2016년 3월 25일), https://oreil.ly/ShJm0
7 릴리 쳉(Lili Cheng)의 「책임 있는 대화형 AI 개발을 위한 지침 소개하는 마이크로소프트」, 마이크로소프트 공식 블로그, 2018년 11월 14일, https://oreil.ly/yC8Pj

잠재적으로 더 치명적일 수 있는 영역에서는 더 큰 통제와 감독이 있기를 희망할 것이다. 그곳은 AIML의 사용 및 영향과 관련하여 많은 불확실성이 있는 우리 행동을 방해하거나 보이지 않는 결과를 초래하는 영역이다.

범죄 예측

알고리즘 사용이 개인의 삶에 심각한 영향을 미칠 수 있는 분야 중 하나는 범죄 예측 분야다. 이것은 더 이상 공상 과학 소설의 영역에 국한되지 않는다. 겉으로 보기에는 합리적이고 증거에 기반한 의사 결정을 지원할 수 있는 시스템을 갖는 것이 유리해보이지만 악마는 세부 사항에 있다. 그리고 데이터 윤리는 말할 것도 없고 데이터 과학과 평가에 대해 깊이 있는 교육을 받지 않은 대부분의 사람이 이해할 수 없는 세부 사항을 고려해야 한다.

상당한 주목을 받은 한 가지 예는 범죄자가 다시 범죄를 저지를지 여부를 예측한다고 주장하는 상업적인 시스템이다. 범죄 경력이 있는 백인 남성이 범죄 경력이 없는 흑인 여성에 비해 재범할 가능성이 낮다는 예측 등 인지된 정확성과 편향성에 대한 우려로 상당한 주목을 받았다. 많은 전문가들은 미국 형사 사법 제도의 의사 결정에 미치는 영향의 정도를 고려할 때 적절한 외부 검토와 감독이 없는 알고리즘 블랙박스로 인식하고 있다.[8]

이 시스템이 선고 또는 가석방에 미칠 수 있는 영향을 상상해보라. 이는 AIML에 대한 많은 우려의 중심에 있는 심각한 윤리적 우려를 제기한다. 알고리즘에 과도하게 의존하는 것은 종종 모델에 누락되거나 부적절하게 고려되는 맥락이 있기 때문에 심각한 결과를 초래할 수 있다. 세부 사항을 분석하고 알고리즘이 주어진 상황에 적합한 의사 결정 지원 도구인지, 어느 정도인지 판단하려면 전문가가 필요하다. 누군가는 질문에 답하고 추가적인 맥락적 세부 사항을 알아내고 (알고리즘이 단순히 AIML을 사용하기 때문에 옳다고 믿는 논리적인 오류가 되지 않도록) 알고리즘이 맹목적인 '권한의 주장'이 되지 않도록 해야 한다.

이 예는 적응형 모델이 아닌 고정형 모델이지만 여전히 많은 우려가 제기되고 있다. 사용된 알고리즘의 외부 검증을 받는 과정에서 일부 진전이 있었고, 일부 학자들은 알고리즘이 어떻게 결론에 도달하는지에 대한 더 많은 투명성과 통찰력을 제공하는 알고리즘에 대해 연구하고 있다. 그럼에도 불구하고 알고리즘이 주어진 맥락에서 어떤 요소에 의존하는지에 대한 정직한 견해를 제공하기 위해 수행해야 할 많은 작업이 있다. 전문가가 특정 결과를 산출하는 이유와 이

---

8 줄리아 앙윈(Julia Angwini) 외 「기계 바이어스」, ProPublica, 2016년 5월 23일, https://oreil.ly/BmeNe

러한 결과를 의사 결정 지원 도구(맥락에 따라 어느 정도까지 포함)로 사용해야 하는지 평가할 수 있다.

그래서 우리는 어떻게 해야 하나? 우리는 해결해야 할 많은 기술적 문제가 있는 복잡한 모델을 생성하는 복잡한 AIML 알고리즘과 데이터 주체와 일반 대중이 예상하는 다양한 신뢰 원칙에서 실패한 알고리즘의 예를 가지고 있다. 이러한 많은 고려 사항에서 AIML을 책임감 있게 사용하는 데 도움이 될 교훈을 얻고 원칙을 구상할 수 있기 바란다. 이것이 바로 우리가 다음에 설명할 내용이다.

7.3 책임 있는 AIML의 원칙

빅데이터와 AIML에는 책임 있는 사용에 대한 원칙을 제공하는 많은 프레임워크가 있다. 이는 일반적으로 AIML에 특정한 통찰력과 함께 다른 곳에서 발견되는 개인 정보 보호 원칙(예: 공정한 정보 관행 원칙)을 재구성한 것이다. 이러한 특정 프레임워크 중 하나를 제공하거나 그것들을 하나의 프레임워크로 병합하려 시도하는 대신 4.1절 '요구 사항 수집'에 도입된 개인 정보 보호 공학 삼원칙을 상기시켜 책임 있는 AIML에 적용한다.

예측 가능

예상되는 상호 작용 및 결과. AIML의 경우 모델이나 시스템에 대한 공격 가능성, 학습 데이터의 잠재적 편향, 입력과 출력 사이의 혼란스러운 연관성, 시간 경과에 따른 결과 변화, 다양한 데이터 및 상황에 대한 모델의 적용 가능성을 고려할 때 이것은 무리한 요구다. 이러한 상호 작용과 결과가 처음부터 예상되려면 설명 가능하고 잘 이해되어야 한다는 것은 말할 것도 없다.

---

9 마라 흐비스텐달(Mara Hvistendahl)의 「'예측적 치안 유지'로 범죄가 발생하기 전에 예방할 수 있을까?」, ScienceMag, 2016년 9월 28일. https://oreil.ly/9sT-i

관리 가능

관리의 세분화. AIML 모델 위에 구축된 시스템을 관리하려면 해당 모델을 유지 관리할 수 있어야 한다(예측 가능성에 영향을 미치기 때문에 수정이 필요함). 블랙박스보다 이해도가 높고 '튜닝 가능'하기 때문에 간단하고 설명 가능한 모델은 관리가 수월할 것으로 보인다.

분리됨

식별 가능성 수준. 익명화된 데이터는 AIML 모델을 훈련하고 검증하는 데 사용할 수 있다. 데이터 주체를 재식별하기 위해 AIML을 사용하는 것을 우려하는 것은 정당하지만 이러한 문제를 해결하기 위해 3장에서 설명한 파이브 세이프를 사용해야 한다. AIML 모델은 특정 작업에 대해 훈련되며 데이터에 대한 접근 권한이 부여되기 훨씬 전에 미리 정의되어야 한다.

개인 정보 보호 공학 삼원칙과 이 장 서두에서 설명한 신뢰 기반을 결합하면 데이터를 안전하게 사용할 수 있는 매우 강력한 프레임워크가 된다. 적어도 개념적으로는 동일한 콘텐츠의 많은 부분을 다루고 있지만 개인 정보 보호 공학 삼원칙은 아마도 기술적으로 더 초점을 맞추고 있을 것이다.

신뢰의 기초는 개인 정보에 대한 좀 더 기술적인 관점에서 결여된 어조를 추가하고 사회적 공익으로서의 개인 정보에 더 중점을 둔다. 이를 통해 사람이나 사회에 대한 가치, 요구 및 편익에 대한 조정, 혁신, 알고리즘을 선의의 힘으로 만드는 것과 같은 책임 있는 AIML에 대한 일부 프레임워크에서 발견되는 다른 측면들이 나타난다. 분명히 이들 중 일부는 사회에 심각한 피해를 줄 수 있는 영역에서 AIML이 적용될 수 있는 분야에 대한 우려에서 비롯된다.

책임감 있는 AIML을 가능하게 할 기술 지원 프로세스를 구축하려는 연구자들도 있지만 인간의 감독은 계속 필요하다. 이는 다음에 설명하는 바와 같이 어느 정도의 거버넌스 및 감독을 의미한다.

7.4 거버넌스 및 감독

지금까지 설명한 내용 중 상당 부분은 적절한 감독을 보장하기 위한 거버넌스와 도구가 필요하다. 단독 데이터 과학자나 데이터 과학자 팀이 스스로 고려하기에는 너무 많은 문제가 있으며,

자신의 경험(좁든 넓든)이 의사 결정에 편향되지 않도록 하기 위해 온전성 검사와 보호 장치가 모두 필요할 것이다. 감독에는 우리가 이미 설명한 많은 측면에 대한 조정과 지속적인 검토가 필요하다. 감독의 정도는 영향의 정도와 잠재적인 개인 정보 침해 가능성에 따라 달라진다.

우리는 건강 연구 분야에서 거버넌스와 도구에 대해 많은 것을 배울 수 있다. 이 절에서는 팀이 데이터를 안전하게 사용할 수 있는 리소스 개발의 기초가 될 수 있는 윤리와 데이터 모니터링 이라는 두 가지 측면에 집중할 것이다. 일반적으로 위원회 또는 협의회로 표현되는 조직은 민첩해야 하므로 자원을 개발하는 측면도 고려해야 한다. 자원이 실제로 사용될 수 있도록 가치를 제공하고 조직에 효과적으로 통합될 수 있도록 광범위한 전문 지식을 바탕으로 개발하거나 평가해야 한다.

위원회가 구성되면 구성원들은 프로세스에 대한 교육을 요구할 가능성이 높으며 애플리케이션 영역에서 요구하는 경우 자신이 수행하는 역할에 대한 책임으로부터 보호가 필요할 수도 있다. 위원회가 신뢰할 수 있고 객관적인 권고를 할 수 있도록 보장하기 위해 특히 민감하고 영향력 있는 영역에서 더 쉽게 정당화될 수 있는 조직으로부터의 독립이 권장되는 경우가 많다. 상업적 환경에서 독립성은 주어진 상업적 및 경쟁적 민감도를 달성하기 어려울 수 있다. 그러나 평판에 대한 위협은 종종 내부 위원회에 실질적인 권한을 제공하기에 충분할 수 있다.

7.4.1 개인 정보 윤리

데이터와 통찰력이 해를 끼치지 않고 안전하게 사용될 것이라는 개인의 신뢰를 의미 있게 불러일으킬 수 있는 방식으로 데이터와 통찰력이 적용되도록 하려면 윤리적 감독이 필요하다. 식별 가능한 정보 대신 익명화된 데이터를 사용하는 것 자체가 일부 우려 사항을 완화한다. 데이터 사용에 대한 윤리적 고려 사항은 대부분 익명화 주체와 직교하지만 잠재적인 개인 정보 침해를 고려하는 것은 비례 조치가 적용되도록 함으로써 일부 윤리적 우려를 완화하는 데 도움이 된다. 데이터 또는 모델을 공유하는 조직에 의무와 감독을 이전하는 것도 고려해야 한다.

신뢰를 유지하기 위해 관련 전문가로 위원회를 구성하여 개인 데이터에서 의사 결정을 내릴 때 AIML 모델 사용에 대해 조언할 수 있다. 이것은 부정적인 법 규정, 평판, 규제 조치의 범위를 피하는 데 도움이 될 수 있다. 구성원은 서비스 사용자를 대표하는 일반인, 개인 정보 보호 전문가, 변호사, 사업부를 대표하는 사람, 데이터 분석가, 윤리학자 및 홍보 부서의 사람이 포함될 수 있다. 마지막 역할은 일부 분석 프로토콜이 허용될 수도 있고, 이로 인해 발생할 수 있는 평판이나 브랜드 손상만을 기반으로 하지 않을 수도 있기 때문에 중요하다. 집단의 규모에 따라 한 사람이 여러 역할을 수행할 수 있다.

그러한 개인 정보 윤리 위원회는 특정 AIML 모델의 개발 또는 모델에서 특정 결정을 내리는 데 따른 위험에 대해 사업부에 조언할 것이다. 이러한 유형의 프로세스를 통해 분석 목표와 접근 방식을 제품 및 서비스에 포함하기 전에 문서화하고 검토할 수도 있다. 개인 정보 윤리 위원회는 AIML 모델이 훈련되고 적용되는 개인 또는 집단의 이익을 보호할 책임이 있지만 일단 AIML 모델을 개발하고 적용하기로 결정한 특정 상황에서 그 역할은 다소 정적이다. 안전한 사용이 의심되는 경우 위원회에 알릴 수 있지만 이는 해당 사용에 대한 모니터링에서 나올 가능성이 높으며 그러기 위해서는 또 다른 감독 메커니즘이 필요할 것으로 보인다.

7.4.2 데이터 모니터링

데이터 모니터링의 주요 목적은 AIML 모델이 학습되고 적용되는 개인 또는 집단의 이익을 보호하고 AIML 모델의 지속적인 유효성과 장점을 기반으로 서비스 또는 애플리케이션 영역의 무결성과 신뢰성을 보장하는 것이다. 여기에는 예측 가능성의 개인 정보 보호 공학 목표(우리가 설명한 모든 기술적 과제 포함)를 보장하기 위해 누적 데이터에 대한 검토가 포함된다. 따라서 모니터링이 효과적이려면 새로운 증거에 대해 시기적절하고 신뢰할 수 있으며 쉽게 해석 가능한 통찰력에 대한 접근이 필요하다. 이것을 설명하는 또 다른 방법은 AIML 관리다.

위원회가 구성되면 AIML 모델을 책임지는 조직의 리더에게 자문 역할을 수행한다. 회원은 위험과 이점을 이해하기 위해 AIML에 대한 충분한 도메인 지식을 갖춘 애플리케이션 분야의 전문가여야 한다. 외부 전문가를 활용할 경우 기밀성과 지적 재산 보호를 보장하는 것이 중요하다. 그렇지 않으면 이들에게 운영 데이터 또는 통찰력을 제공하는 데 신뢰가 없어질 것이다. 의결권이 있는 내부 위원과 의결권이 없는 외부 위원이 지침을 제공하는 것은 좋은 모델이다. 위원회는 개인 또는 집단에 미치는 영향과 예측 가능성의 개인 정보 보호 공학 목표에 기반하여 AIML 모델 사용을 계속, 수정 또는 중지할지 여부를 권고할 수 있다.

적시에 정확한 모니터링 데이터를 제공하기 위해서는 AIML 전문가와 그들의 많은 과제가 필요하다. 효과적이려면 위원회가 의사 결정에 사용할 수 있는 중요한 표와 그래픽이 포함된 요약 대시보드 형태로 유용한 통찰력을 생성해야 한다. 따라서 이러한 전문가들은 데이터 모니터링 위원회와 운영 데이터 자체 간의 연락 담당자이며 따라서 조직의 구성원이며 위원회 회의에 참석하고 요청 시 추가적인 통찰력을 제공할 수 있다. 위원회가 없더라도 누군가는 의사 결정에 책임을 져야 하므로 AIML에서 전문가의 역할은 독립적인 기능으로 남을 가능성이 높다. AIML 문제의 근본 원인을 파악하고 AIML 모델을 수정하거나 개선하려면 AIML 전문가도 필요하다.

7.5 마치며

AIML 영역은 빠르게 발전하여 규제 기관과 시민 모두의 관심을 받고 있다. 어떤 사람은 AIML의 무한한 범위와 적용에 매료된 반면 다른 사람은 두려워한다. 데이터를 안전하고 책임감 있게 사용하는 것은 신뢰 형성과 유지에 필요하다. 신뢰를 저버리지 않도록 신뢰를 얻고 위험을 완화해야 한다. 물론 인생에서 공짜는 없고 위험이 없는 것도 없다. 그러나 개인 정보 보호 공학과 신뢰의 기초를 통해 할 수 있는 많은 일이 있다.

파이브 세이프를 통한 익명화는 위험을 완화하고 책임감 있게 데이터를 공유 및 사용하는 효과적인 도구다. 그러나 익명화된 데이터에서 파생된 모델의 적용은 AIML 모델을 훈련하는 데 사용되는 원시 데이터에 있든 아니든 상관없이 여전히 사람들에게 영향을 미칠 수 있다. 개인 또는 그룹에 대해 수집된 데이터에 AIML 모델을 적용하려면 적절한 거버넌스 도구 및 감독 메커니즘을 통해 가장 잘 처리되는 윤리적 경계를 염두에 두고 수행해야 한다.

AIML 모델의 적용 및 사용에는 많은 기술적 문제가 있으며 의도하지 않게 신뢰가 떨어지는 여러 가지 방식이 있다. 그러나 기술의 사용을 통해 우리 삶을 개선할 수 있는 엄청난 잠재력이 있으며, 따라서 이를 바로잡고자 하는 엄청난 동기가 있다. AIML을 안전하고 책임감 있게 사용함으로써 단순히 '해를 끼치지 않는' 것 이상으로 '충성'하고 삶을 개선할 수 있다. 이 책에서 이미 말했듯이 기술은 데이터와 통찰력을 책임감 있게 공유하고 사용하는 데 있어 중요한 요소지만 거버넌스는 이해관계자에게 신뢰를 제공하는 것을 목표로 하는 것만큼 중요하다. 이 책이 윤리적이고 효율적으로 익명화 파이프라인을 구축하는 여정에 도움이 되기를 바란다!

INDEX

INDEX